ドーコン叢書……2
[編著者] ドーコン叢書編集委員会

エンジニアの発見・再発見

見つめなおす13の視点

共同文化社

意外な北海道を発見する
新たな北海道を再発見する

その面積は日本全土の2割を占め、
世界でも21番目の大きさを誇る島、北海道。
本格的な開拓が始まって
140年余りのこの島には、
まだまだ多くの未知が潜んでいる。
社会資本の整備に携わる
コンサルタントエンジニアが見出した、
意外な北海道、新たな北海道を紹介する。

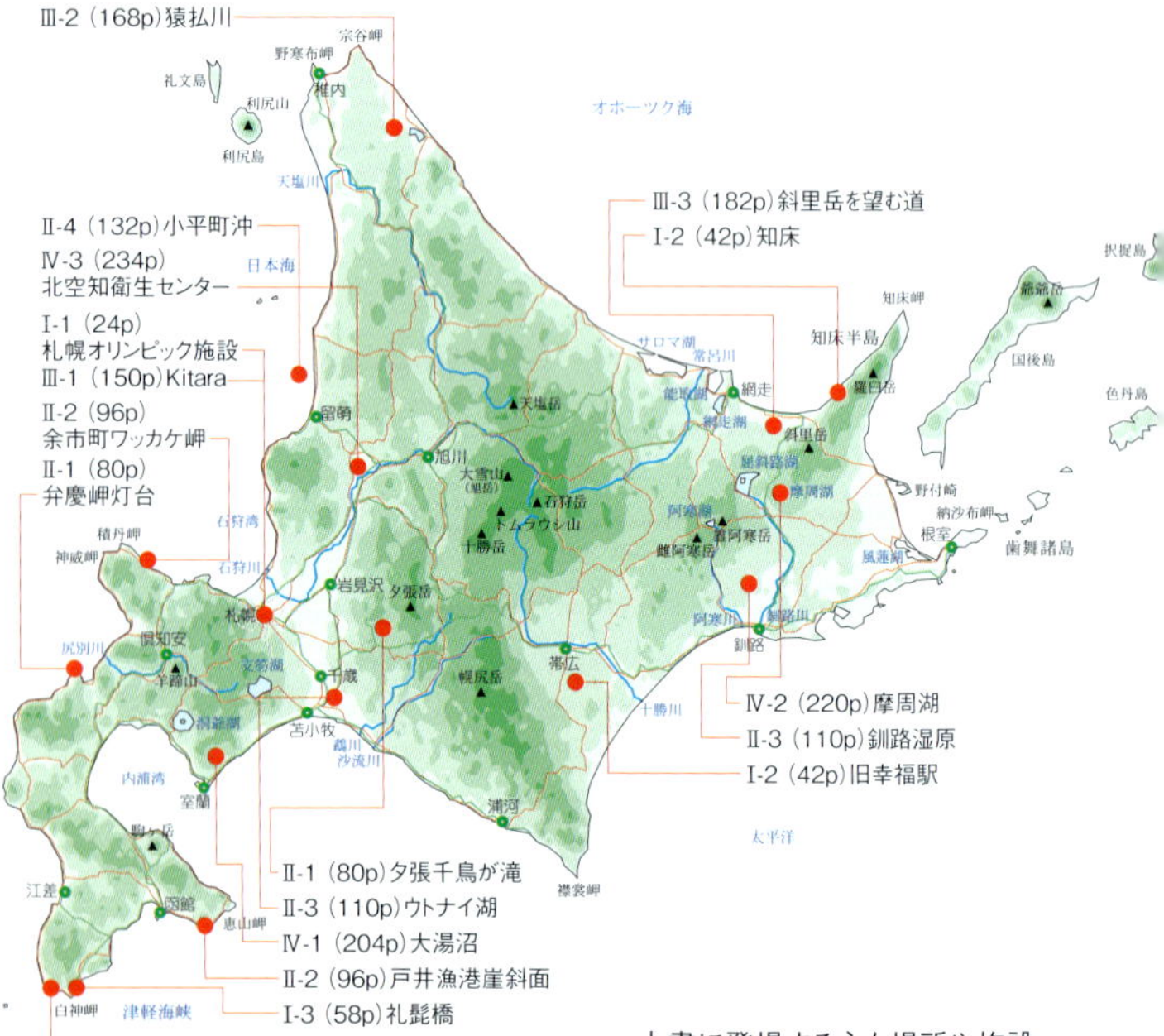

本書に登場する主な場所や施設

I-1 ……….24P

デザインでたどる札幌オリンピック

大会から40年　オリンピックは札幌に何を残したのか

１９７２年２月３日から13日まで、
札幌市を主会場に開催された第11回オリンピック冬季競技大会。
アジアではじめて開かれた冬季オリンピックに、
35の国と地域から１６７２人の選手・役員が集まり、
６競技35種目の熱戦が繰り広げられた。
札幌のまちを大きく変えたと言われる札幌オリンピックとは何だったのか。
大会の年に生まれた建築士が、
今なお残るオリンピック施設の設計思想を読み解く。

女子選手村だった真駒内五輪団地

プレスセンター

真駒内セキスイハイムスタジアムに今も残る聖火台

駅舎に残された旅の記念

I-2 ……42P

「カニ族」の見た北海道

かつてカニ族と呼ばれた若者たちは最果てに何を求めたのか

1960年代から70年代にかけて
カニ族と呼ばれる若者たちが北海道を漂い歩いた。
知床や宗谷岬、礼文島など、
カニ族が目指した最果ての地は、
今や、北海道を代表する観光地となっている。
カニ族は北海道観光の大衆化を先導した
パイオニアともいえる。
観光調査や観光地づくりに携わるコンサルタントが、
時代のあだ花のように浮かんで消えたカニ族の精神に迫る。

知床はカニ族の聖地だった

I-3
58P

失われた橋梁技術を求めて
北海道独自の橋梁技術　幻の「木コンクリート橋」を探せ

戦前戦中の物不足の時代、
鉄筋コンクリート橋の代用として木コンクリートを使った橋が多数造られた。
これは道庁の技師が開発した北海道オリジナルの技術だった。
しかし、戦後、架け替えによってこの橋は姿を消していく。
文献でこの橋の存在を知った橋梁エンジニアは、
現存する木コンクリート橋を求めて休日探偵を開始した。

木コンクリート橋・雨竜川橋

この技術の命は接合部

木コンクリート橋・礼髭橋（れいひげばし）

夕張千鳥が滝

Ⅱ-1
..........80P

地質で読み解く景勝地

風光明媚を読み解く　岬と滝の地質学

海岸に突き出た岩場が
独自の風景をつくる岬の風景
高見から音を立てて流れ落ちる滝の厳烈な景観。
どうして大地は突然、上下に引き裂かれ、
滝を作るのだろうか。
岬の風景はどうしてあんなにも
変化に富んでいるのだろうか。
地質調査を専門にするエンジニアが、
岬や滝の成り立ちを通して地質学の世界に案内する。

弁慶岬灯台

Ⅱ-2
……….96P

崖《がけ》の科学——どうやってできる・なぜ崩れない
落ちそうで落ちない崖の不思議を探求

そそり立つ崖に息を呑んだことは誰にもあるだろう。
時には崩落を起こし、甚大な被害を与えることがあっても、
土地を利用して暮らしている以上、
人はどこかで必ず崖と向きあわなければならない。
長年、崖と格闘してきたエンジニアが
技術者の目線で、崖の成り立ちを探求する。

余市町ワッカケ岬

函館市戸井漁港近接の崖斜面

Ⅱ-3

........110P

川のお医者さん奮闘記――守るべきもの・治すべきもの

自然を守るとは、自然を戻すこととは　川のお医者さんが湿原に挑む

原生的な自然環境と見えても、
人間の生活環境からの影響を絶えず受け続けている。
自然は守るべきものだが、守るべき対象が人間の活動によって
後天的にもたらされた自然であれば、話はとたんに難しくなっていく。
環境再生医〝川のお医者さん〟を任じる河川エンジニアが、
ウトナイ湖と釧路湿原を舞台に、この難問に挑んでいく。

ウトナイ湖のマコモ

釧路湿原の根株が露出したハンノキ

釧路湿原（釧路市提供）

Ⅱ-4
……132P

今、海の中で起こっていること——海の砂漠化・その解決の糸口

磯焼けの海、その解消のカギは森にあった

今、海の中で「磯焼け」が起こっている。
水深の浅い海底の海藻が消失してしまう海の「砂漠化」だ。
磯焼けが顕著になってから40年以上経過したが、原因は明確ではない。
そんなおり海洋エンジニアである筆者の大学時代の恩師が
森林との関係に着目した説を唱えた。
カギを握るのは森から供給される「鉄」であるという。

海藻の生い茂った海

磯焼けの海

天井の音響反射板の設置

パイプオルガンの設置

Ⅲ-1

........150P

札幌コンサートホールの設計―Ｋｉｔａｒａ誕生秘話

世界が絶賛した音響はどう作られたか　設計に込められた想いとは

札幌市の中島公園内にある札幌コンサートホール「Ｋｉｔａｒａ」。平成９年の開館以来、多くの音楽関係者から絶賛されている。学生時代からコンサートホール設計を夢見てきたというＫｉｔａｒａの設計者が、その設計思想と誕生秘話を明かす。

計画時のデザインスケッチ

札幌コンサートホールKitara大ホール

Ⅲ-2 ....168P

さかなと暮らす農業を求めて

身近な小川に潜むイトウ　野生の営みのために農業土木は何ができるか

北海道を代表する淡水魚であるイトウ。
原生的な河川の深淵にしか棲んでいないと思われるイトウが、
農村を流れる小川に身を潜めていたりする。
農業排水路も作り方によっては、
イトウなど貴重な生物の生息環境を守ることができる。
自然の豊かさを次世代に残すことも私たちの役割だと
農業土木エンジニアである筆者は言う。

幻の魚・イトウ

筆者が取り組んでいる自然体験教室

魚が戻ってきた農業排水路

Ⅲ-3

……182P

技術士の挑戦—科学技術で明日を拓く

エンジニアに与えられた国家資格　技術士って何？

「技術士」という資格がある。

道路や橋などの社会資本の整備には不可欠な資格なのだが、その存在はあまり知られていない。

「技術士である」とはどういうことなのか。

それは一般の技術者とどのように違うのか。

日本技術士会北海道本部長である筆者が、技術士の世界を案内する。

北海道固有の地質を研究する

北海道らしい道路づくりに取り組む

吹雪を克服するため移動気象観測車を開発

自然エネルギーの代表・水力発電（忠別ダム）

Ⅳ-1
……..204P

北海道ならではのクリーンエネルギーを求めて

熱さと寒さを利用する　北海道固有の自然エネルギー発電

東日本大震災による原発事故は
衝撃的だった。
原子力の見直しが進むなか、
クリーンエネルギーが注目を集めている。
広大な大地と豊かな自然を擁する北海道は、
自然エネルギーの宝庫。
ダム技術者である筆者は、北海道の寒さと
豊富な地熱エネルギーを利用した
温度差発電を考案した。

北海道は地熱が豊か（登別・大湯沼）

神秘の湖・摩周湖を覆う氷

Ⅳ-2

……220P

寒さをエネルギーにする雪氷冷熱

再生可能エネルギー　雪氷冷熱の最前線

水を氷という固体に変える力。
熱を奪う力。寒さもエネルギーである。
この力を私たちの暮らしに役立てることができれば、
北海道の未来は頼もしい。
寒さというエネルギーのなかで、
環境エンジニアである筆者は、
雪や氷がモノを冷やす力「雪氷冷熱」に着目する。

雪氷冷熱によるジャガイモの貯蔵

Ⅳ-3 ……234P

生物がもたらすバイオマスエネルギー

地球温暖化防止に貢献する生物由来のエネルギーに注目する

多くのクリーンエネルギーのなかに
生物に由来するバイオマスエネルギーがある。
バイオマスエネルギーが注目されるのはカーボンニュートラルであり、
地球温暖化防止に貢献するからだ。
環境エンジニアである筆者は、
北海道ならではのバイオマスエネルギーの活用に取り組んでいる。

笹ペレット

笹の刈り取り

林床を覆い尽くす笹

はじめに

私たちは札幌に本社のある総合建設コンサルタントのエンジニアである。道路、橋梁、河川、環境、農業、地質、ランドスケープ、都市、建築などの工学技術分野を専門とし、道路や河川をはじめとする社会資本の調査・計画・設計業務に携わっている。

そんなカタイ私たちが見つけた《北海道のちょっといい話》第2集をお届けしたい。

第1集の『エンジニアの野外手帳』には《あまり知られていない北海道のエピソード》やそれに基づく《北海道の暮らしを豊かにするためのメッセージ》を12編掲載した。すると、読者からは「ものの見方や調べ方に感心した」「今までとは異なる視点で自然を見ることの素晴らしさを知った」などたくさんの声が寄せられた。この叢書は、暮らしや街を魅力的にする視座を伝えることにより私たちの仕事を市民に知っていただこうと企画したのだが、むしろ私たち自身が励まされ、刺激される結果となった。ソーシャルエンタープライズとしての情報発信の大切さを改めて認識した次第である。

続く第2集は「エンジニアの新発見・再発見」と名付け、日常の暮らしや自然・都市の中で見出した新たな事象や価値を明らかにして、その活かし方を考えてみた。「北海道を見つめなおす13の視点」としてわかりやすい記述を心がけたが、エンジニア目線は第1集より少しだけ深く、専門化したかもしれない。

さて、東日本大震災以来、社会資本（Infrastructure）の重要性が再認識され、そのソフト・ハードの在り方も見直されつつある。弊社も精鋭部隊を派遣しているが、被災地の復興を支える基盤はやはり安心・安全な河川、道路、鉄道、上下水道をはじめとする社会資本であり、私たちは強い使命感を持ち、工学技術の粋を結集して、災害に強い社会の構築に取り組んでいる。改めて言うまでもないが、公共事業政策が右に左に振れようとも、私たちのような技術者集団には、50年、１００年という長いスパンで未来の社会に必要なものをしっかり見定め、良質な社会資本を次の世代に残す責務があると思うのである。

私たちは信頼の〝人と技術〟で豊かな人間環境の創造に貢献したいと願っている。志を高く保ち、人を育て、技を磨き、社会との情報交流を図る――本書がそのために機能し、市民と私たちとのコミュニケーションツールになれば、こんな嬉しいことはない。

（株式会社ドーコン　技術委員会委員長　加藤 龍一）

ドーコン叢書…❷ エンジニアの新発見・再発見 北海道を見つめなおす13の視点

[目次]

II エンジニアの視点で北の自然を再発見する

III　ものづくりの理念、まちづくりの視点を再発見する

Ⅳ　北の大地に再生可能エネルギーを発見する

I

暮らしの中に北の歴史を発見する

I－1 デザインでたどる札幌オリンピック

林　昌弘

1972年2月、第11回オリンピック冬季競技大会が札幌で開催された。
100年を超える近代オリンピックの歴史の中で、
開催都市は40あまりしかない。
札幌にとって、世界に誇るべき街の来歴だ。
「オリンピックの開催を機に大きく変貌をとげた」というのは
札幌の歴史を語るときの決まり文句。
札幌オリンピックはわずか11日間のイベントであったが、
インフラとともに札幌に質の高いデザインを残した。
大会から40年。
当時を知らない世代から見ても
今なお魅力的に映るそのデザインをたどってみた。

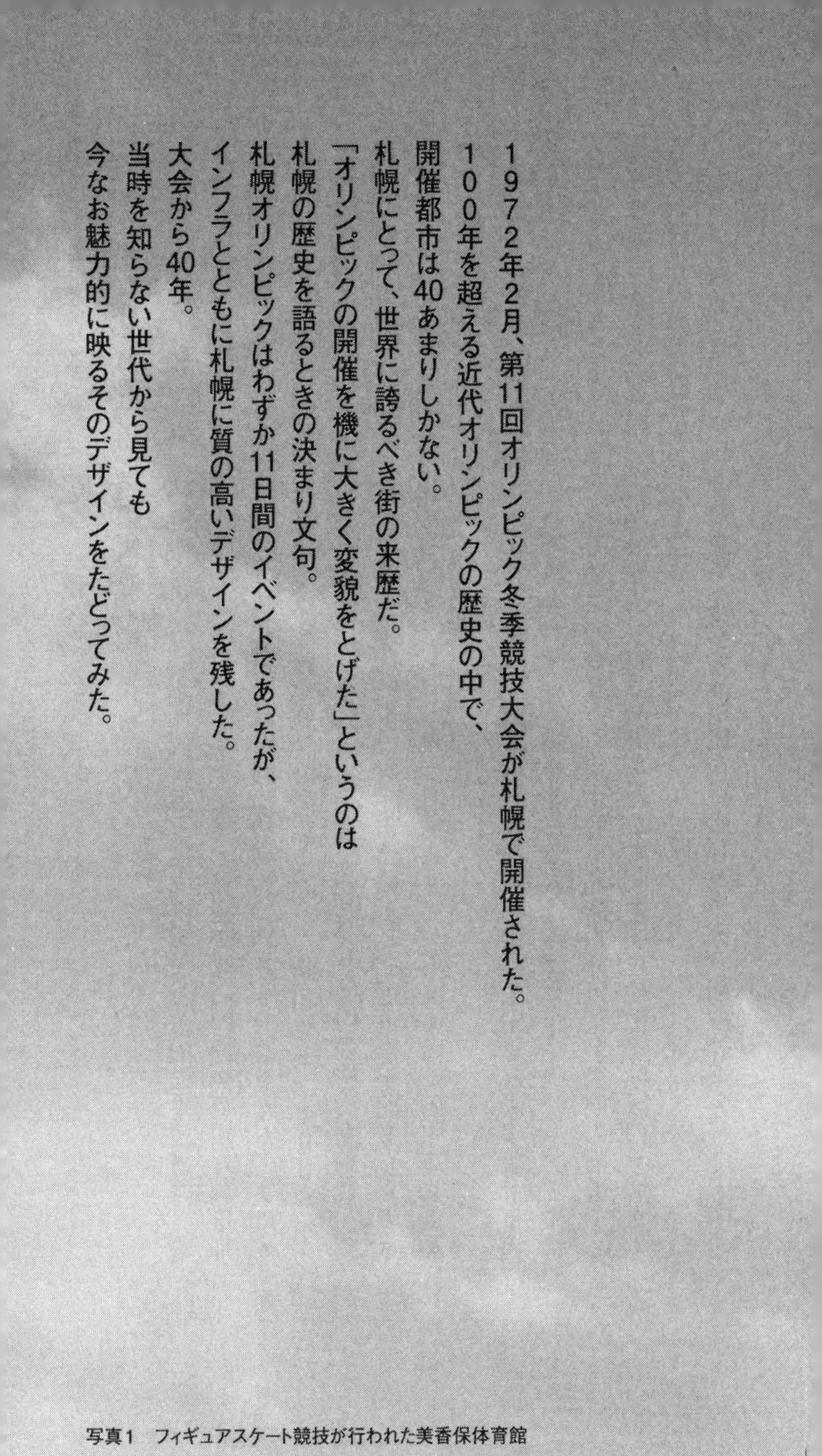

写真1　フィギュアスケート競技が行われた美香保体育館

今日の札幌のインフラをつくった

札幌市営地下鉄、道央・札樽の高速道路、札幌新道・創成川通など市内の主要道路。あるいはニトリ文化ホールとなった旧北海道厚生年金会館、札幌駅北口の煙突で知られる都心部地域暖房。いずれも、現在では私たちが日常的に利用しているインフラだが、実はオリンピックを札幌に迎えるためにつくられた施設の一部なのだ。昭和41年（1966年）4月の開催決定から大会までの数年間に、当時の金額で2000億円の施設整備費・関連事業費が集中的に投下されている。現在の市役所庁舎が竣工し、地下街が開業したのもこのときだ。当時を知る世代でも、オリンピックが札幌のまちに与えたインパクトに改めて驚くのではないか（表1）。

競技施設・関連施設を見てみよう。施設の設計は、北海道大学の太田實と大手設計事務所が担当している。太田は、研究教育と設計活動を並行して行うプロフェッサーアーキテクトの先駆者として一貫して北方建築のあり方を追求し、北海道立近代美術館の設計でも知られる。オリンピックでは施設整備の中心的人物として、選手村や柏丘地区のマスタープランを作成、各施設の設計を監修している。

なお、オリンピック組織委員会で施設整備全体を監修したのは、都市計画分野で太田の

新規整備施設	大会における役割
高速電車(地下鉄南北線)	札幌都心から主会場真駒内への観客輸送
道央自動車道(千歳～北広島)	千歳空港から札幌への連絡
札樽自動車道(小樽～札幌西)	小樽・札幌と手稲山会場との連絡
札幌市内の主要道路39路線	都心と選手村・各競技会場の連絡、道央道と都心の連絡など
千歳空港(拡張)	利用者増・外国機への対応
北海道厚生年金会館	IOC総会会場
大通電電ビル	データセンター
NHK札幌放送局	放送センター

表1　競技会場と主なオリンピック関連事業

兄貴分的存在にあたる東京大学の高山英華だ。高山は戦前に満州の都市計画に参画し、東京オリンピックや大阪万博でも施設整備のトップに就いているが、実は札幌オリンピックの会場には招致活動以前からかかわっている。のちに一部が選手村となった、昭和34年の真駒内地区開発の基本計画がそれだ。これは返還された米軍キャンプクロフォードの広大な用地を住宅団地として開発する計画で、もちろん実現している。

では、高度経済成長期に行われたこの国家イベントをデザインの視点で振り返ってみたい。現在では日常のなかに埋もれているが、当時の総力をあげたデザインが私たちの身近に今も残されているのだ。

真駒内スピードスケート競技場 ～モダニストはクレーターをつくった

設計に際して、真駒内の競技場にはオリンピック開会式会場として5万人の観客を収容するという課題が与えられた。対して、設計者はスタンドのほとんどを盛土とする回答を出している。競技場は、量感のある鉄筋コンクリート構造の建築的なファサード（壁面デザイン）のイメージが強いが、これは北西側の一側面にすぎない。あらためて見ると外周の大部分は緑化された法面で、むしろ造園的な表情である。

[真駒内スピードスケート競技場]

写真2　北西のメインスタンド側は最も建築的な側面。リンクへ入るために、天井高を抑えたエントランスを通らせるのが前川らしい

写真3　5万人を収容するために、聖火台のあるバックスタンド側は盛土構造に

写真4　離れると、公園の敷地にできたクレーターのように見える。真駒内公園はかつて米軍のゴルフ場だった

設計者の前川國男はル・コルビュジエに師事し、モダニズム様式の建築を日本に定着させた建築家のひとりだ。鉄・ガラス・コンクリートを多用し、装飾を排したモダニズムは世界的に20世紀の建築の主流となった。前川が得意とした美術館・博物館は、一般にデザインの自由度が高く、建築家の持ち味が表現されやすい施設だといわれる。前川の設計に共通する平面計画は「ひと筆書き」と呼ばれ、天井高・床の高さが異なる場の連なり、建物に囲まれる中庭など、起承転結のはっきりした構成が特徴的である。昭和50年、70歳のときに完成させた東京都美術館は、上野公園の敷地に施設が沈むようなデザインだ。

国家イベントとはいえ、デザインに制約が多いであろうスポーツ施設の設計者が、その前川だとは意外だった。一見すると前川らしさは少ないかもしれない。

よく、前川建築の魅力は外観ではないといわれる。写真ではなく、実際に空間の連なりを体験してこそよさがわかるからだ。真駒内では、見方を変えれば起伏のある公園の地形を活かして〝クレーター〟がつくられ、底にはスケートリンクが沈められている。盛土を多用したのはコストの理由だけではない。競技場だけで完結させず、より大きなスケールで公園との関係をデザインしようとした回答なのだ。前川の仕事として紹介される機会の少ない施設だが、前川建築のなかで最大規模のものが札幌にある巡り合わせを喜びたい。

また、オリンピックならではのコラボレーションにも注目しよう。現在も競技場の一角に存在感を示している聖火台は、スツールや食器のデザインでも知られる工業デザイナー、柳宗理《やなぎそうり》によるものだ。

真駒内アイスアリーナ ～屋根の形状には理由がある

前川によるスケート競技場の中心軸を北側に延長すると、五輪通を挟み、屋内スケート競技場（アイスアリーナ）の中心軸と重なっている。

この施設は競技に加え、閉会式会場として1万2000人を収容する必要から直径100メートルを超える支柱のない円形空間とすることが求められた。これを覆う屋根の大架構がこのアリーナの見どころであり、実際、正12角形の白い折板屋根は雪の結晶を連想させ、いかにも冬のオリンピック会場にふさわしいように思う。

しかし当時の記録によれば、積雪荷重を支える巨大な屋根を低コストでつくるという課題に対して、採用されなかった幻のデザインがあったようだ。球形のシェル構造は必要面積に対して屋根のかかる範囲が大きくなりすぎ、吊り屋根構造は雪による屋根の変形が大きいとして退けられた。雪の重さに対し安定的で、鉄骨量が経済的であるという理由で、鉄骨製の大きな正三角形を24個つなぎ合わせる形式が選ばれ、現在の姿がある。

[真駒内アイスアリーナ]

写真5 屋根を形づくる三角形は一辺約30m、支えるのは外周部の柱だけだが1.6mの積雪の重さにも耐える

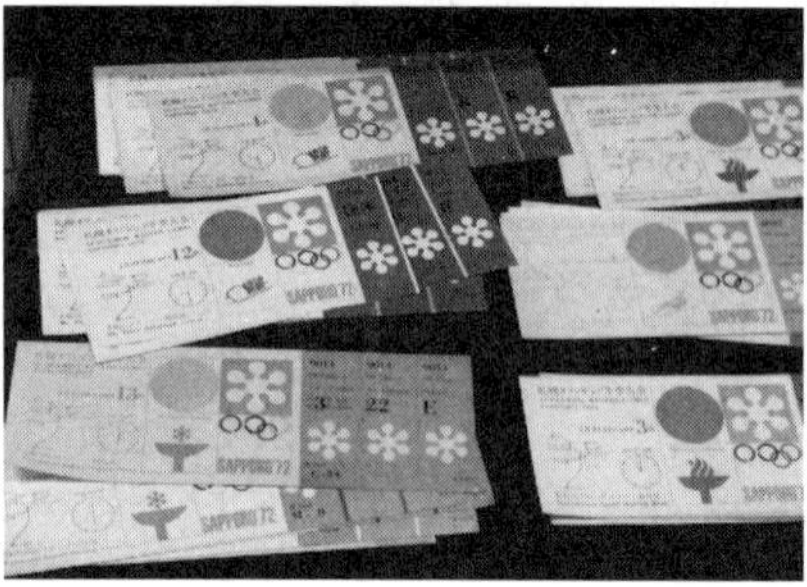

写真6・7 内部には1周314mの室内ランニングコースや大会当時のユニホーム・チケットなどの展示も

なお、設計者の中山克己は東京オリンピックでボクシングの会場となったスケート場、後楽園アイスパレス（現存せず）を担当している。

プレスセンター ～意外な場所に大阪万博の面影

スピードスケート競技場・アイスアリーナは豊平川河畔の北海道立真駒内公園の一角にあり、公園の南側には現在、住宅地となった柏丘地区が広がる。オリンピックの際ここに置かれたプレスセンターは北海道青少年会館として現存しており、体育館やプールを利用する多くの小中学生が訪れている。この〝地域の施設〟も建築デザインの歴史においてなかなか重要なモニュメントなのだ。

設計者の黒川紀章は、当時30代後半の若さにして売れっ子建築家であった。大阪万博においてはタカラビューティリオンなど3つの展示館を、また実験的な宿泊施設である中銀カプセルタワービル（東京・1972）など、後年に代表作とされる建築を相次いで完成させている。

これらはいずれも黒川らが提唱した日本発の建築の潮流、「メタボリズム」を体現する建築だ。メタボリズムは連結・交換が可能な建築の「部分」（ユニット）によって、建物「全

[プレスセンター(現・北海道青少年会館)]

写真8、9　カプセルを積んだようなA棟の2階から約60mの連絡通路が延びる。宿泊室(下)は当初1室まるごとカプセルとして工場で製作して設置する予定だったという

写真10　連絡通路の幅員は1.1mほど。ここが動く歩道だったらと想像したくなる

体」が構成される手法である。生物の新陳代謝のように、建物の拡張や用途の転用が容易なところが今日的であり、近年になって国内外で再評価の機運がある。

さて、プレスセンターは複数の「部分」により構成されている。A棟（管理室・宿泊室・会議室など）、B棟（プレスルーム：現在は屋内プール）、C棟（プレスルーム：現在は体育館）と、別設計者による講堂・食堂である。なかでもA棟の外観は、ひと部屋ずつ張り出しており、ここだけでも小さな部分の集合体に見える。

しかし現在、この施設の見どころはこれらをつなぐ連絡通路ではないか。黒川が好んだ円形窓が規則的に並ぶ外観は大阪万博の建築を彷彿とさせるが、おもしろいのは通路の幅が人ひとり分しかなく、片側一方通行としたことである。実際にここを歩くと建物のスケールに比べて通路は何か不自然な感じさえある。

当時、拡張する未来都市を志向していた設計者は、世界中からやってきた報道マンたちを歩かせずに、動く歩道に乗せたかったのかもしれない。そうすると、動く歩道の通路を媒介に施設が拡張していく想像も生まれる。大阪万博の建築はごく一部しか現存しないので写真などで追体験するよりないが、意外な場所であの時代の雰囲気を体験することができるのだ。

選手村 ～ギザギザは選手をもてなすために

選手・役員1672人が滞在した選手村は、地下鉄・真駒内駅前の警察学校跡地（14・9ha）に設けられた。メインゲート・運営本部・選手食堂など施設の多くは仮設であったため現存しない。一方、宿舎は大会後に公営住宅として使用する前提であったので、現在も多くの人が暮らしている。

なかでも女子選手村にあてられた11階建ての高層住宅（設計：都市設計研究所、北海道開発コンサルタント＝現・ドーコン）は、真駒内駅前のランドマークとしてすっかり定着している。

この建築は1階あたり6つの住戸を収めるが、見どころは住戸がギザギザに張り出した、雁行《がんこう》のプランだ。雁行配置の集合住宅やホテルは窓から隣室同士が見えやすくなる場合があり、プライバシー確保の点で短所にもなるといわれる。「赤プリ」こと赤坂プリンスホテル（設計：丹下健三・東京・1983）ではコーナー部を斜めにカットして視線の方向を振ることでこの問題をクリアしている。

女子選手村も同様の手法ではあるが、コーナー部に張り出したバルコニーが外観の陰影を深く立体的に見せている。名建築といわれる赤プリより早く、手が込んでいるのだ。こ

[選手村]

写真11・12
現在、五輪団地H棟と呼ばれる11階建ての女子選手村。大会後に増設されて3棟となった

写真13　周辺の豊かな並木道は、大会以前の高山英華による真駒内団地マスタープランの賜物

のコーナーバルコニーは、1室ごとに独立しているので選手はゆったりと藻岩山などの山並みを望むことができただろう。フィギュアスケートのジャネット・リン選手は、この建物を去るとき壁に「Peace & Love」の落書きを残している。

グラフィックデザインにも注目すると

札幌オリンピックの当時を知る方にとって、音楽では「虹と雪のバラード」が、イメージでは雪の結晶をモチーフにしたシンボルマークが記憶に残っているのではないだろうか。

グラフィックデザイナー、永井一正による
シンボルマークは日の丸・「初雪」という紋・

写真14 JCBカードのマークで有名な河野鷹思、のちにNTTのマークを手がけた亀倉雄策、広告・男は黙ってサッポロビールの細谷巌といった当時のトップデザイナーによる公式ポスターが、昭和43年から46年まで毎年1枚発行された

五輪マークと「SAPPORO'72」を3つの正方形のなかにレイアウトしたもので、シンプルで力強く、制作から40年以上経っても新鮮に映る。あえて作者の違う東京オリンピックのマークと雰囲気を似せたのは、世界を意識したからだという。当時なら、まだ8年前のできごとなのだ。

その東京大会でシンボルマークとポスターを担当したのは亀倉雄策だが、札幌でも公式ポスターを手がけている。選手の一瞬の姿をとらえた大胆なデザインは、国立近代美術館に収蔵されるなどグラフィックデザインの歴史のなかで重要な位置づけをされている。

当時のポスターの原画は、地下鉄さっぽろ駅の東豊線コンコースに特殊なプリントによって展示されており、間近に見ることが可能だ。

オリンピックを札幌に持ってきた男

オリンピックはインフラとデザインを残したが、なぜこの時期に札幌で開催されたのか。推進役となった原田與作《はらだよさく》（1900～1979）という人物に注目したい。

第6代札幌市長の原田は、栃木県に生まれ、札幌師範学校を卒業後、東京市役所に20年間勤めている。入庁当時の東京市長は、のちに関東大震災で復興院総裁となり、今日の東京のまちの基本形をデザインした後藤新平である。当時、財政規模が1億5000万円の東京市で、大風呂敷といわれながらも「八億円計画」をかかげて都市の近代化を進めようとした後藤市長に、若き原田は心酔していたという。

札幌市助役を経て、昭和34年に市長となった原田は、急激に膨張する札幌にまちづくり計画策定の必要性を考え、事業総額287億円にのぼる「主要事業十カ年計画」を策定している。この時代、自治体が総合計画を策定する例はまだなかったというが、原田は25年後（昭和60年）の札幌を100万人都市と想定し、都市発展の基礎となる交通・通信網、衛生環境を向上させる上下水道・河川整備・清掃・医療施設、市民文化向上のための教育・体育施設から、公営住宅建設・工場誘致・観光奨励など札幌のあるべき姿をすみずみまで構想している。

当初、原田は事業費の財源として半分を国庫補助と公債発行で賄うことを予定したようだ。しかし当時の地方財政の状況から当たり前の方法では実現できないと考え、「思いついたのが、冬季オリンピックを招致しようということであった。どこの国でも開催市のあらゆる施設に国費を投入し、あるいは援助することが通例であったからである」（原田與作『自治体生活五十年』）

昭和39年に行われた第10回大会（昭和43年）の招致ではフランス・グルノーブルに敗れ

たが、2年後の再挑戦で招致に成功し、大会の準備を整えた昭和46年に原田は市長を退いている。

つまり「オリンピックの開催を機に大きな変貌を遂げた」というよりも、都市として変貌を遂げなければ立ち行かない状況にあった札幌で、将来像を描き、その梃子《てこ》としてオリンピック開催を思い立って、実現させた人物がいたということだ。原田がいなければ昭和47年の札幌大会はなかったし、その後の札幌の姿は今日と大きく違っていたかもしれない。都市環境の飛躍的向上という、北海道開拓100年目の総決算は、見事に高度経済成長期終盤のタイミングに間に合ったのだ。

後藤新平の思想が、原田與作というよき実行者を得て札幌の大きな変貌に及んだことと、これを推進するための11日間に向けて当時の日本の総力をあげたデザインが生まれたことに思いをはせながら、札幌オリンピックの施設を訪ねてみてはいかがだろうか。

［参考文献］ 第11回オリンピック冬季大会組織委員会『第11回オリンピック冬季大会公式報告書』1972年／札幌オリンピック施設編集員会『札幌オリンピック施設』工業調査会、1971年／第11回オリンピック冬季大会組織委員会『札幌オリンピック大会資料集vol.2』／札幌市『オリンピック施設と関連事業』／札幌市『札幌オリンピック主要関連事業等の手引き』／日本建築学会『総覧 日本の建築 北海道・東北』新建築社、1986年／原田與作『自治体生活五十年』時事通信社、1971年／日本万国博覧会協会『日本万国博覧会公式ガイド』1970年／『東京人№206・東京オリンピック1964』都市出版・2004年／生誕100年・前川國男建築展実行委員会『建築家・前川國男の仕事』美術出版社、2006年

I—2 「カニ族」の見た北海道

朝倉 俊一

帯広市の南はずれにある幸福駅の跡地。
この駅があった国鉄広尾線は既に廃止されてしまったが、
駅舎は保存され、今でもちょっとした観光スポットとなっている。
この幸福駅への乗車券が全国的なブームとなったのは１９７４年、
昭和49年のことであった。
そしてこのブームには「カニ族」と呼ばれる若者達が深く関係していた。
カニ族とは何だったか。
北海道観光の将来を考える一助として、カニ族を振り返ってみたい。

写真1　旧広尾線幸福駅
カニ族の時代から旅の思い出を駅舎に残す風習があり、公園となった現在も幸福を願う旅行者に引き継がれている

カニ族はどこから来たのか

北海道では道外から北海道にやってくる観光客数についての統計を毎年発表している。調査を開始した昭和36年（1961年）度にはわずか36万人にすぎなかった道外観光客は、約50年後の平成21年（2009年）度には15倍以上の597万人まで増加した。

その推移をグラフ（表1）にしてみると、急激に観光客が増加した時期がいくつかある。その急増期のうちのひとつが1970年代前半であった。昭和44年（1969年）には年間95万人だった道外観光客は、昭和49年度には238万人とわずか5年で2・5倍も増加した。そしてこの時代、夏の北海道を舞台に「カニ族」と呼ばれる若者達が大挙して北海道に押し寄せるブームがあった。

カニ族という呼称は、若者達が横長のリュックを背負い、狭い列車内の通路を横向きに歩いたことから名付けられたといわれている。カニ族の特徴をまとめると、以下の5点が挙げられる。

① 鉄道の利用〜往復分の乗車券と道内での乗降が自由な乗車券がセットになった「ワイド周遊券」の利用が基本。

② 気ままな旅のスケジュール〜目的地や行程は事前に決めず、状況に応じて柔軟に変更。

③ 質素な旅～駅構内での野宿や自炊も多く、女性はユースホステルの利用も。

④ 夏に集中～大学の夏休み期間に集中して周遊。

⑤ 最果て志向～目的地は、岬、終着駅、離島など一般の観光客が少ない最果てが多い。

カニ族は、なぜこの時期に突然ブームとなり、そして消えていったのか。この章ではカニ族ブームの要因を考えることで、今後の北海道の観光振興に向けたヒントを探ってみたい。

カニ族がブームとなった時代は、若者を取り巻く社会状況の変化がいくつかあった。ひとつは、高度成長による所得の向上である。１９７０年代初頭は、わが国の戦後の急激

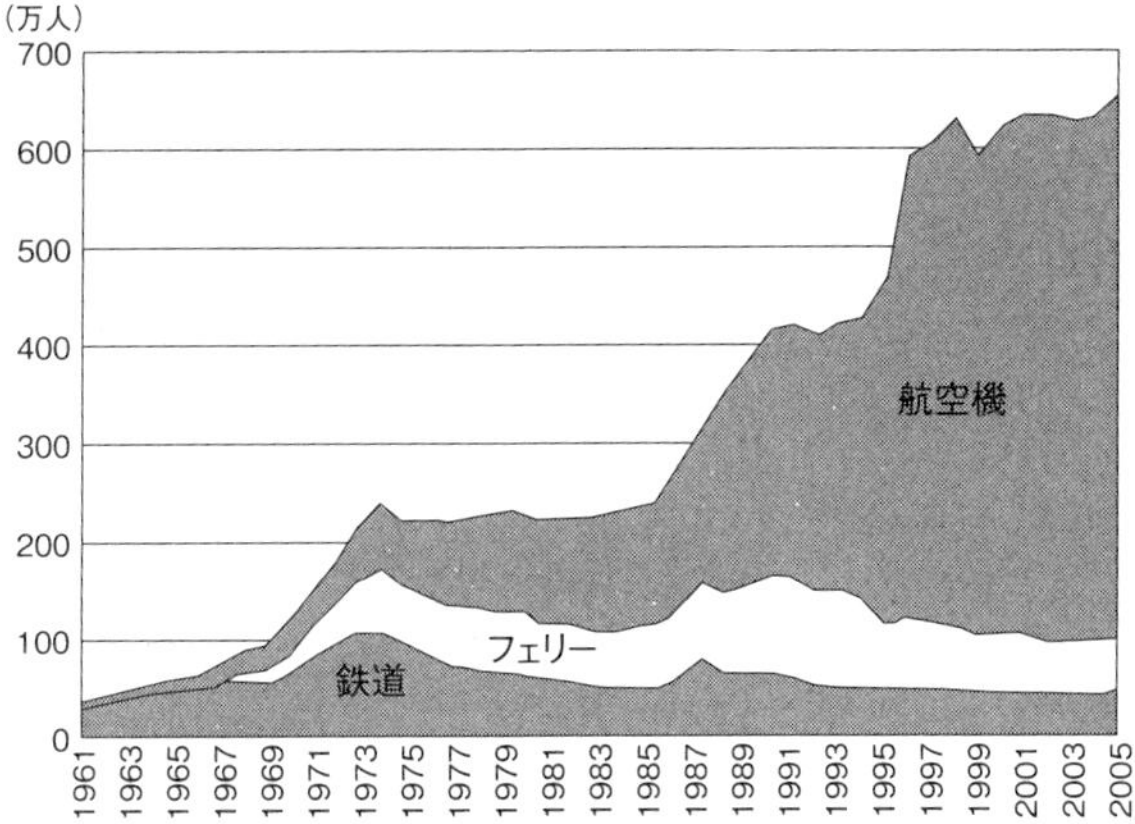

表1　移動手段別、道外観光客の入込数
1970年代前半に鉄道による来道者が急増していることがわかる
※1997年に一部調査法を変更している

な高度成長の最終段階に相当する。所得の向上によって、若者にも遠くまで気軽に旅に出やすい環境が整っていった。

二点目は、若者向けの宿泊施設や交通環境の整備が進んだことである。国鉄が販売した周遊券に加え、学生が安く宿泊できるユースホステルが急速に増加したほか、北海道では1970年代の初頭から本州と北海道を結ぶ長距離フェリー航路が続々と開設された。

三点目は、大学生を中心とした若者世代の増加である。1970年前後は、戦後のベビーブーム世代が大学生になる時期に相当しており、若者旅行の母体となる市場規模そのものが拡大した。

そして四点目はメディアによる「最果て」イメージの拡大である。急速に普及したテレビ網によって、北海道の最果てをテーマにしたヒット曲（『知床旅情』や『襟裳岬』など）は国民に広く受け入れられ、北海道旅行に対する憧れが広い層で共有されていった。

図1　カニ族の姿
キスリング型のリュックサックがトレードマークだった

しかし、若者の旅を取り巻く社会状況の変化だけではカニ族ブームは説明がつかない。また、なぜ旅行先として北海道が選ばれたのか？　という問題も残る。その謎について考えるために、当時の若者が旅に抱いていた価値観に着目してみたいと思う。

最果てを求めるロマン主義

カニ族が目的地を選ぶ際の基準はどのようなものだったのか。昭和45年7月に発行された日本交通公社の『旅』という雑誌では、北海道特集として若い女性を対象としたアンケート調査を行っている。その中では、北海道のよかった目的地として「まったく俗化されていない（オンネトー）」「とても空いていた（サロマ湖）」「本当に北海道の奥地へやってきたという気がした（然別湖）」という意見が挙げられている一方で、がっかりした目的地として「俗化して人がやたらと多い（阿寒湖）」「人が多くて期待はずれ（原生花園）」「みやげ物屋、飲食店が建ち並び、北欧的な支笏湖は見る影もない（支笏湖）」という意見が挙げられている。

いずれの回答にも「人のいないところに行きたい」「俗化されていないところに行きたい」という欲望が垣間見える。こうした価値観は、ロマン主義に深く関係している。

ロマン主義は、18世紀後半から19世紀にかけてのヨーロッパで広まった精神運動であり、

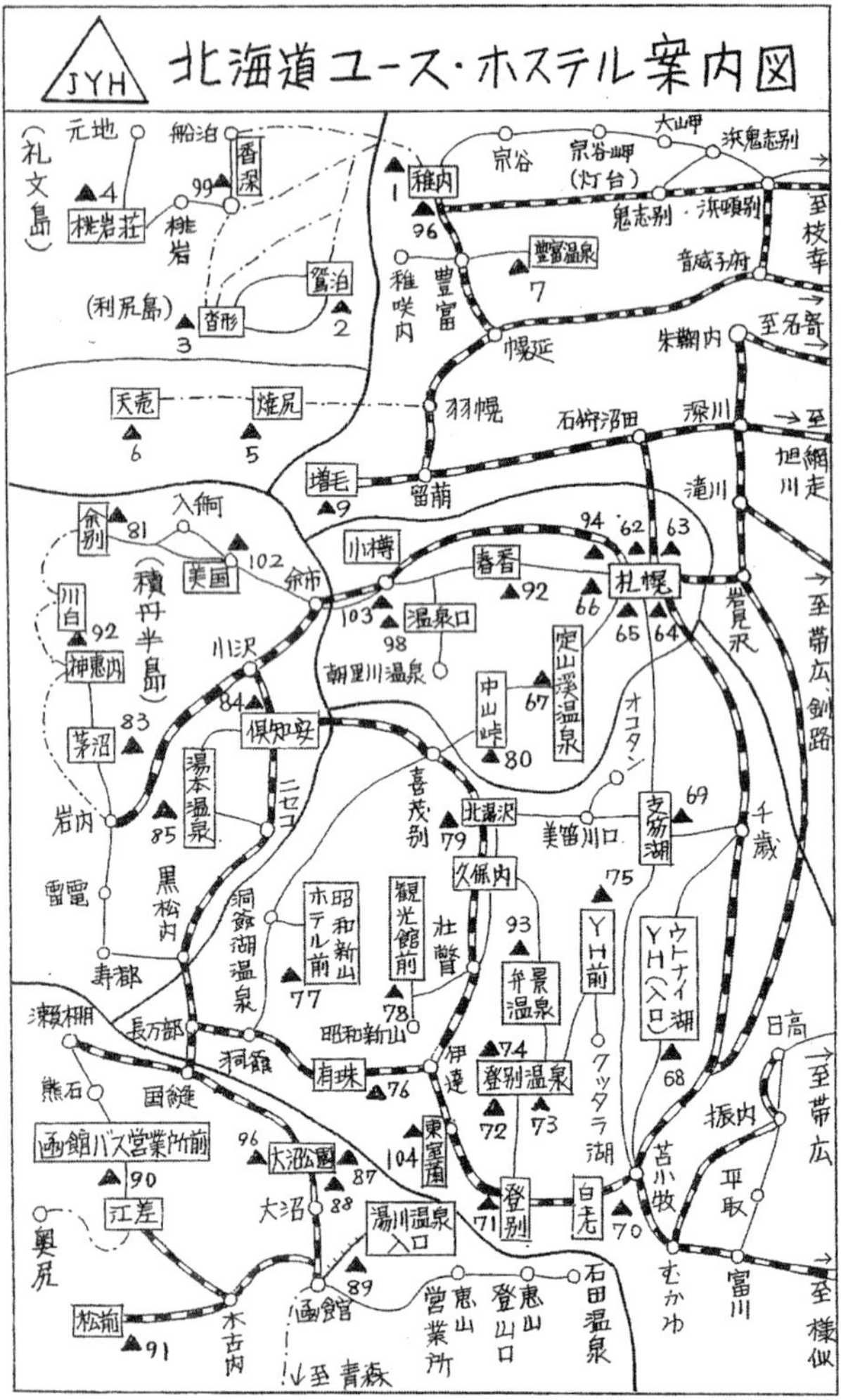

写真2　昭和47年発行の「北海道ユースホステル案内図」（部分・北海道ユースホステル連盟刊）▲がユースホステル。細線はバス路線。バス・鉄道とユースホステルが有機的に結びついていたことがわかる

宗教が支配していた倫理観や価値観からの解放、個性の重視などに主な特徴がある。また、自然の崇高さや神秘性を尊重する価値観はロマン主義を特徴づける概念のひとつであり、英国の湖水地方の自然を賛美した詩人ワーズワース（18世紀後半から19世紀前半に活躍した英国の詩人であり、情熱を秘めた自然賛美の詩が有名）は、ロマン主義と自然のかかわりを語る上で象徴的な存在である。

ロマン主義は、均整のとれた美を求める古典主義への対抗という側面もあり、自然の神秘性への憧れ、特に手つかずの自然への関心が強い。当時「悪魔の棲家」として恐れられていたアルプス山系でもロマン主義の浸透により登山旅行が始まったように、まだ人が踏み入れていない地への憧れはロマン主義の大きな特徴の一つであった。

日本の山水ブーム

日本でも観光におけるロマン主義的な視点の導入は明治時代に起きている。英国人のウェストンとともに日本アルプスを中心に近代登山を広めた小島烏水《うすい》や『日本風景論』を著した志賀重昂《しげたか》などが日本にロマン主義的な視点を紹介し、明治から大正にかけて「山水ブーム」（渓谷や山岳の美を楽しむ観光のブーム。北海道でも層雲峡や洞爺湖、定山渓などが山水ブームを機に大きく発展している）をもたらした。

　国民の価値観の変化による自然景観への関心の高まりによって、昭和6年には国立公園法が施行され、北海道でも阿寒と大雪山が昭和9年に国立公園に指定されている。

　このように、日本では戦前から戦後にかけて国立公園に指定された地域を中心として観光開発が進んだ結果、戦後の経済成長によって観光地には人があふれるようになった。

　ロマン主義的な視点はあくまでも「人のいないところ」「俗化されていないところ」を目指すのである。昭和45年当時の日本において、ロマン主義的な欲望を満たす国内の観光地はほとんどなくなっていた。そして最後に残された地こそが北海道の最果てだったのである。

登山ブームとカニ族

　アルプス登山の誕生にロマン主義が深くかかわっているように、登山とロマン主義は関連が深い。カニ族ブームの前夜、１９６０年代の日本では若者の間で登山旅行がブームになっていた。

　小泉武栄《たけえい》『登山の誕生』（中公新書）には、「（戦後）登山が本格的に復活するのは

写真3　昭和43年の斜里駅（現在の知床斜里駅）。知床はカニ族の聖地だった（写真所蔵：知床博物館）

1960年前後からのことである。（中略）大学生を中心とする若者がその主たる担い手で、山には大きなキスリング（ザック）を背負った、汗くさい登山者であふれた。大学には山岳部やワンダーフォーゲル部など、登山を目的とするサークルがいくつもでき、その中には部員が100人を超えるようなところも珍しくなかった。わが国では戦後、二回の登山ブームが起こったが、その最初の波がやってきたのである」と記述されている。

そもそもカニ族という呼称は、横長のキスリング型のリュックを背負って列車の通路を横歩きで移動する様子から生まれた。このリュックは、当時の若者達が登山用に使っていたものである。リュック以外にも自炊を中心とした質素な旅行スタイルなど、カニ族は

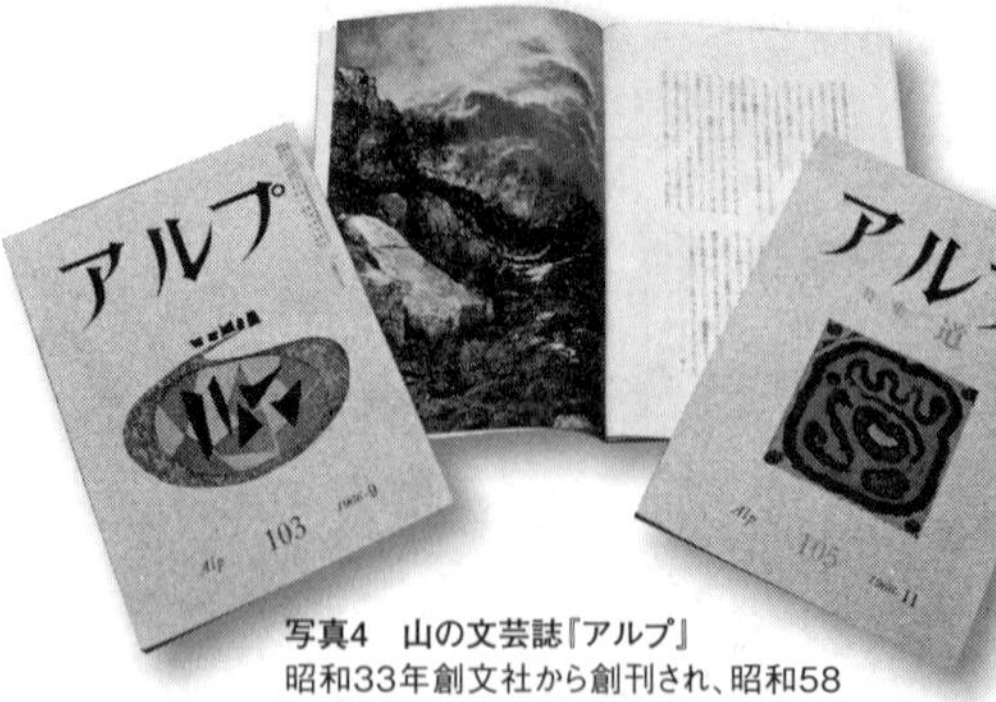

写真4　山の文芸誌『アルプ』
昭和33年創文社から創刊され、昭和58年の終刊まで300号が発行された。美しい文章と写真で多くの読者に愛された

登山文化と非常に高い親和性を有している。

　北海道内の観光地や山を巡る気ままな旅を描いた串田孫一の随想記『北海道の旅』が発行されたのは昭和37年のことであり、その串田は1960年代の登山ブームを支えた山の文芸誌『アルプ』の創刊に尽力したことでも知られている。串田の愛した知床・斜里町には、串田家から寄託・寄贈を受けた『アルプ』関連の資料を収集展示する「北のアルプ美術館」があり、カニ族と60年代登山ブームとのつながりを象徴している。

　こうしてみると、登山ブームが「垂直的に」人のいないところを求めたのに対し、カニ族は、そのベクトルを水平方向に変えたものであったともいうことができる。

　登山の魅力は、都市を離れ、自然が支配する領域に入り込むという点でロマン主義的な視点を有しており、これは俗化された観光地を避け、最果てを目指したカニ族と共通する点が多い。

登山の楽しみは、頂上からの風景だけでなく、頂上にたどりつく過程にこそ醍醐味があるという人は多い。一方、カニ族の旅も、最果ての風景ではなく、最果てにたどりつくまでの過程に価値を見いだしていたのかもしれない。だからこそ、知床や利尻・礼文だけでなく、決して景勝地とはいえない襟裳岬や根室にまで最果ての観光地として多くの若者が押し寄せたのだ。

また、登山文化は西洋から輸入されたものである。北海道の景観が西洋的であったことも、若者が西や南ではなく、北の最果てを目指す要因の一つとなった。

写真5　北のアルプ美術館（斜里町）
「北のアルプ美術館」の開館20周年を記念して設けられた串田孫一の居間の復元。『アルプ』にかかわる多くの資料が収蔵されている。　☎0152-23-4000

カニ族の残したもの

最果てブームは、日本の国力が充実し、若者が旅に寄せるエネルギーを通じて国の端まで拡大した現象であるという見方もできる。

１９７０年前後は、大阪万博の開催に象徴されるように日本の国力が世界に向けて広がっていこうとする時期であった。この後さらなる経済成長を続けた日本は、１９９０年代に若者を中心とした海外旅行ブームを迎える。このことは、日本の若者のエネルギー（や所得）が日本の「最果て」を通り越し、海外まで到達したことを示した現象であるといえる。だからこそ、日本国内の最果てブームは瞬く間に過ぎ去っていったのかもしれない。

カニ族ブームの後半には、ユースホステルや自動車の利用など、旅のスタイルの多様化が見られるようになる。そしてアンノン族（ファッション雑誌『アンアン』『ノンノ』で紹介された観光地に押しかけた若い女性によるブーム）に代表されるおしゃれで消費主義的な旅行スタイルが浸透することにより、カニ族の旅行スタイルは時代遅れになっていった。

北海道の観光地でも、１９８０年代を通じて根室や稚内など最果て型の観光地の人気が落ち込む一方で、富良野や小樽、函館といったアンノン族に人気の観光地が存在感を高めていった。また、国鉄の運賃値上げや北海道内における赤字ローカル線の廃止、若者の自動車保有率の向上、航空機の利用拡大などカニ族ブームを支えていた交通環境も大きく変化していった。

短い期間のブームであったが、カニ族は多くのものを北海道にもたらした。カニ族が愛した知床や利尻・礼文などの観光地は今でも多くの観光客で賑わっている。

冒頭に挙げた幸福駅も、線路が廃止されたにもかかわらず、いまだ人気の観光スポットとなっている。幸福駅がＮＨＫの番組で紹介されたことが契機となり、昭和49年に「愛国から幸福ゆき」の乗車券が爆発的なブームとなった。幸福駅に近い大樹町史には「１９７３年度に7枚しか売れなかった乗車券が１９７４年度、一挙に７４０万枚も売れて５億円の収入を上げ、広尾線の総収入の80％を占めた」との記述も見られる。

また、「最果て」にちなんだ曲が続けて全国的なヒットとなったことは大変興味深い。昭和46年の『知床旅情』に続き、49年には『襟裳岬』や『岬めぐり』、51年には『宗谷岬』がヒット曲となった。この現象は、当時の日本の国民の間で「最果て」のロマンを求める心情が広く共有されていたことを物語っているといえよう。

映画では、『幸福の黄色いハンカチ』のヒットが挙げられる。昭和52年に公開されたこ

写真6　大正カニの家（帯広市）
カニ族ブームたけなわの昭和46年、カニ族のための臨時宿泊所として「カニの家」が帯広市に設けられた。写真は、帯広市大正にある4代目のカニの家。現在も道内を旅行するバイク族、自転車族の若者に愛されている

の映画の中で、武田鉄矢演じる若者は、本州からフェリーを使って自動車で北海道を旅している設定であった。鉄道の旅ではないが、気ままで自由な旅のスタイルにはカニ族の旅の影響が見られる。そして、この映画は中国でも放映され、現在の北海道ブームの下地をつくることにも貢献している。

また、1980年代後半に増加した若者によるバイクを利用した北海道周遊旅行は、バイクの排気音やその機動性からミツバチ族と呼ばれ、一大ブームとなった。ミツバチ族は、質素な旅のスタイルや若者中心のブームであることなど、カニ族

と共通する点も多く有している。

そして、カニ族だった若者の一部は北海道に住み着き、若者向けの宿を開業したケースも見られる。こうした宿はミツバチ族の移動を支える拠点となっている。

平成22年には、韓国の女優が北海道での気ままな鉄道の旅を綴ったエッセイを出版した。アジア諸国においても北海道の鉄道旅行が受け入れられる可能性がある（なお、韓国では若者の間で登山がブームとなり、日本の北アルプスも大勢の韓国人グループで賑わっている）。さらに、中国で平成21年の正月映画としてヒットした『非誠勿擾（邦題：狙った恋の落とし方）』では、能取岬が重要なシーンで使われるなど、最果てを目指したカニ族と共通する点もみられる。

北海道では、カニ族ブームはすっかり過去のものになってしまった。しかし、アジア全体に目を広げてみると、北海道は「東アジアの最果ての地」という新たな位置づけを持つことで、国際的な観光地としての新しい可能性が獲得できるのかもしれない。


【参考文献】『北海道観光入込客数調査報告書』北海道、1962～2010年／『旅1970年7月号』日本交通公社、1970年／ジョン・アーリ『観光のまなざし』法政大学出版局、1995年／小泉武栄『登山の誕生―人はなぜ山に登るようになったのか』中公新書、2001年／串田孫一『北海道の旅』平凡社ライブラリー、1997年／新・大樹町史編さん委員会『新・大樹町史』大樹町、1995年

Ⅰ—3
失われた橋梁技術を求めて

畑山 義人

「木コンクリート橋」とは、
戦前戦後に350橋以上が建設された
北海道独自の画期的な橋梁形式だったが、
もう現存しないとされている橋のことである。
木コンクリート橋を初めて意識したのは、
国道230号線・定山渓国道を設計した
大谷光信氏にインタビューしたときである。
そういえば、北海道内の橋梁に関する
古い資料を探したときに
この不思議な単語に出会っていた。
それ以降も時々文献中に現れるので
気になって仕方がない。
橋の設計に携わっている自分にとって、
知らぬままにはできないぞと思い、
とうとう休日探偵のテーマにしてしまった。
平成6年9月のことである。

写真1　最初に発見した木コンクリート橋・礼髭橋（れいひげばし）。
現国道228号から撮影。最近鉄筋コンクリート橋に更新され、現在はない

幻の「木コンクリート橋」

史料は意外と容易に集めることができた。木コンクリート橋とは日華事変以降の鋼材不足を乗り切るために北海道土木部試験室（後述）で開発された「鉄筋コンクリート桁橋の代用工法」で、昭和14年（1939年）から30年代にかけて重用され、北海道の道路の発展に多大な貢献を果たしてきた技術であった（写真1）。

鉄筋コンクリートの代用として竹や木を使う工法研究が多いなかで、道庁技師の高橋敏五郎（後述）らは鋼と比べてあまりにも弾性の異なる材料を筋の形で使うことに疑問を持って同調せず、実験を重ねて木桁と無筋コンクリート床版の合成構造を開発した。当時「戦時下橋梁の新工法懸賞募集」が全国規模で開催され、この橋はそれに応募して最高位の一等を獲得している。

その後材料の調達に不自由のない時代になり、木コンクリート橋は更新時になると鋼橋やコンクリート橋に架け替えられた。国道では昭和60年代に更新完了となり、開発者の高橋敏五郎も昭和54年に書いたエッセイに「自然消滅してしまった思い出の橋」と書き残している。

どんな橋だろうか。朽ち果てた姿でもよい、それがどんなところに、どんなふうに架かっていたかを見てみたい。

そんな気持ちになってから、平凡な桁橋でも気をつけて見るようになった。叶わぬ夢かもしれないが、そのときは「戦後50年経った今でも1橋くらいは残っているだろう。少なくとも痕跡があってもおかしくないはずだ」と勝手に思い込み、根気よく捜索を続けることにした。

北海道の橋梁史

捜索物語の前に、北海道の橋づくりの来歴をまとめておきたい。

北海道の近代的な道路と鉄道は明治政府によって始められた。お雇い外国人のケプロンらによる函館～札幌間の西洋式馬車道「札幌本道」は明治6年（1873年）11月に開通し（途中の森～室蘭間は海路）、クロフォードらによる手宮～札幌間鉄道「手宮線」は明治13年11月に開通している。

その際多数の橋梁が架けられたが、鉄道に石造橋が1橋ある以外はすべてが木造橋で、日本古来の板橋（木製の桁を架け渡し、その上に厚板で床張りした橋）のほか、アメリカで実績のあるトラス構造やトレッスル構造などの特殊な橋がアメリカ人技術者の指導により建設された（写真2・写真3）。

やがてイギリスやアメリカから輸入した鉄橋が要所で使われ始める。鉄道ではクロフォードと松本荘一郎の設計による札幌〜幌内間の「幌内線」の豊平川橋梁、下幌内川橋梁、下幾春別橋梁（明治15年開通、いずれも鋼製ワーレントラス橋）、道路橋では岡崎文吉の設計による12代目の「豊平橋」（明治31年、錬鉄製プラットトラス橋）がその始まりであった（写真4）。

明治後期には日本人技術者も育ち、鋼やセメントの国内生産も始まって、自前で橋梁建設を行うようになる。京都の琵琶湖疎水で鉄筋コンクリート桁橋が実用化されたわずか6年後の明治42年には、鉄筋コンクリートアーチ構造の北三条橋（スパン8ｍ）が札幌市創成川に架けられた。この橋は石材やレンガで外装が整えられ、上流の創成橋（明治43年に石造アーチ構造に更新）とともに発展目覚しい札幌の名所として親しまれ、絵葉書にもなっていた（写真5、昭和34年に架け替え）。

そもそも木造橋は安価で、架けるのも簡単だが、雨水が滲み込むことによって腐りやすく、寿命は7年から長くても10年程度しかない。そこで、木造橋より丈夫で、何倍も耐用年数が長い鉄筋コンクリート製や鋼製の橋梁を「永久橋」と呼び、第一期拓殖計画（明治43年〜昭和元年）では中小の橋についても木造橋から永久橋への架け替えが進められた。

写真2　札幌農学校の教頭ホイラーが設計した豊平橋。補剛アーチ付き木造ハウトラス橋、支間63.4m、明治11年完成（北海道大学附属図書館北方DB）

写真3　手宮線の入船町陸橋（木製トレッスル橋脚）とアメリカ製機関車の弁慶号。明治13年10月（北海道大学附属図書館北方DB）

写真4　北海道技師・岡崎文吉が設計した豊平橋。錬鉄製プラットトラス橋、支間36.6m、明治31年（北海道大学附属図書館北方DB）

戦前に架けられた永久橋のいくつかは現在も現役である。鋼橋では旭川の「旭橋」（昭和7年）（写真6）、鉄筋コンクリート橋では小樽市の「紅葉橋」（昭和10年）（写真7）が創建当時の位置と姿を守り抜いている現役最古の橋梁である。実は昭和11年に昭和天皇が北海道に来られ、翌年には陸軍大演習が開催されたため、北海道にはこの頃に竣工を迎えたインフラが数多く存在する。

こうして、日華事変が起きた昭和12年を迎える。資源の乏しいわが国では、船舶や航空機に使う金属類は極めて貴重である。次第に鋼材の使用制限が強化され、更新時期を迎えた腐朽木橋を永久橋に架け替える計画が頓挫してしまった。

高橋敏五郎はこの年の8月に発足した土木部試験室（北海道庁土木部の付属機関で、現在の独立行政法人寒地土木研究所の前身）に兼務で赴任した。戦時中のことで、金も資材も使わずに創意工夫で目的を達成せよというのが国家の至上命令であった。そこで、鋼材を使わない半永久橋の工法開発がテーマとなり、理論構築と実験を重ねて昭和14年に完成したのが木コンクリート合成構造だったのである。まさに「必要は発明の母」であった。

筆者が誇らしく思うのは、これが橋梁分野で北海道から全国に発信された新技術だということにある。明治維新からこの時代まで、北海道で造られた橋はお雇い外国人が海外から持ち込んだ技術か、本州で実用化された技術であった。港湾や河川に関しては、それま

写真5　札幌市北三条橋、鉄筋コンクリートアーチ橋、支間8m、明治42年。創成川に昭和34年まで架かっていた（大正期の絵葉書より）

写真6　旭川市の旭橋、鋼ブレースドリブバランスドタイドアーチ橋、中央支間91.4m、昭和7年

写真7　小樽市の紅葉橋、鉄筋コンクリートアーチ橋、昭和10年

でに北海道発の新技術や新工法が数多く生まれていたが、初めて橋梁に関する新技術が誕生したのだった。

技術の要点

コンクリートという材料は、圧縮力にはめっぽう強いが、曲げや引っ張りには弱い（簡単に言うとチョークのようにポキッと折れる）。鋼材は圧縮にも引っ張りにも強いが、錆びやすく高価である。それで、互いの弱点を補うために19世紀中期に考案されたのが、鉄筋コンクリートという合成材料（図1）だ。つまり、コンクリートは圧縮を、鉄筋は引っ張りを受け持って曲げようとする力に対抗する。コンクリートはアルカリ性なので鉄筋を

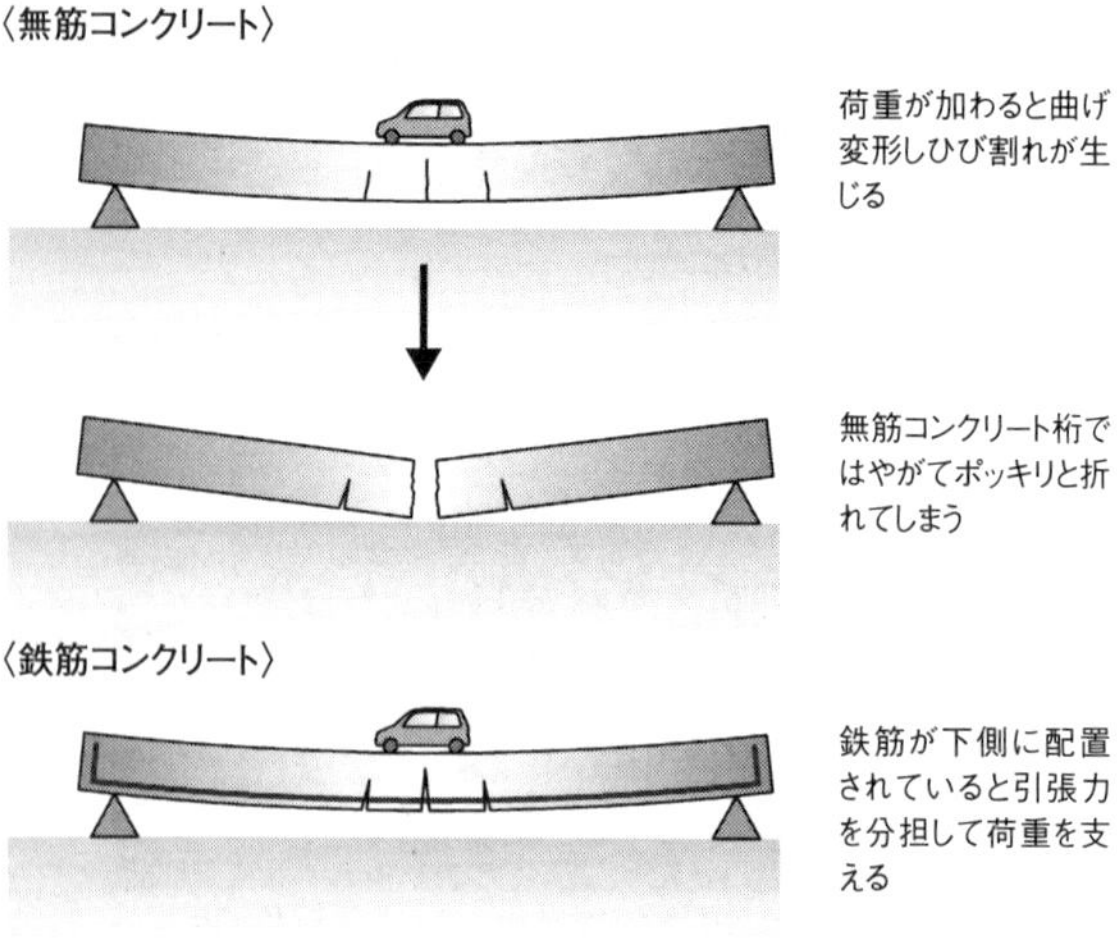
〈無筋コンクリート〉
荷重が加わると曲げ変形しひび割れが生じる
無筋コンクリート桁ではやがてポッキリと折れてしまう
〈鉄筋コンクリート〉
鉄筋が下側に配置されていると引張力を分担して荷重を支える

図1　鉄筋とコンクリートの合成作用

錆びさせない効果もあり、両者はまことに相性の良い材料なのである。

しかし、我々が注目する「木コンクリート橋」では鉄筋を使わない無筋コンクリート床版と木製桁を合成させている。そのポイントは、木桁上面に歯型と鋸《のこぎり》型の浅い欠き込み（接触面のせん断伝達のためのキー）をつけて床版に埋めることにある。

板橋と同様に木桁の上にただコンクリート床版を重ねただけでは、荷重が加わると桁と床版の接触面が滑って両者が別々に変形する。このため、桁単体の耐力と床版単体の耐力しか保有できない。だが欠き込みがあれば接触面が滑ることがなく一体的に変形するため、桁と床版が合成された断面としての大きな耐力を保有できるのだ（図2）。理論値と

橋長　L	5.0m	6.0m	6.5m	7.0m	7.5m	…
角材高　h	6寸	7寸	8寸	9寸	10寸	…
角材幅　b	3.5寸	4.0寸	4.0寸	4.0寸	4.0寸	…
角材長　l	5.3m	6.3m	6.8m	7.3m	7.8m	…

・雪荷重150kg/㎡、活荷重500kg/㎡
・2種類の欠き込みと皆折釘で木桁とコンクリートを連結
・桁の乾燥を保つよう水仕舞いに配慮

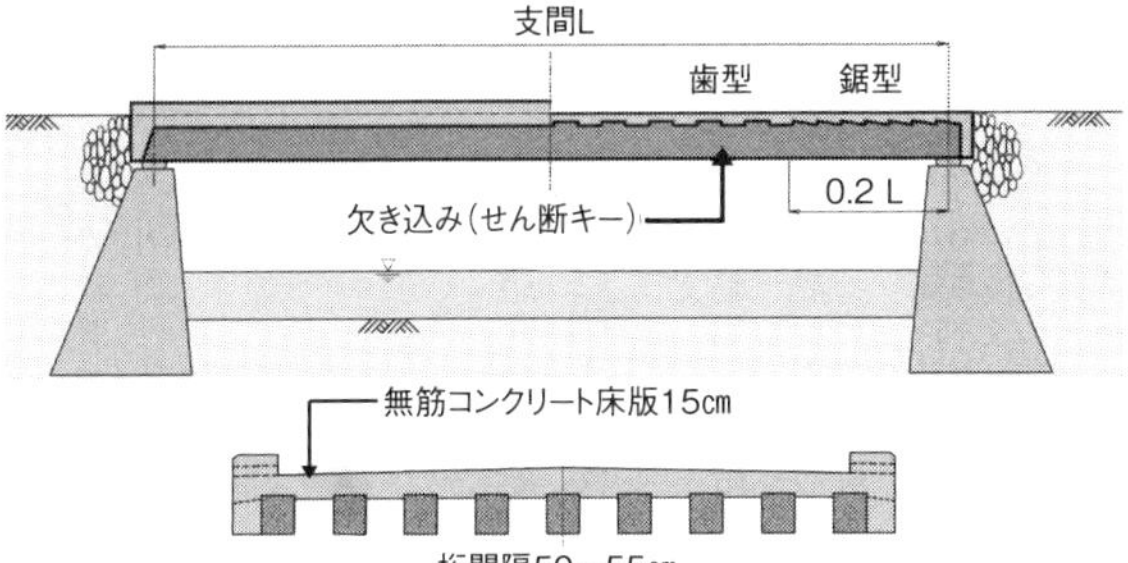

図2　木コンクリート単純桁標準設計図

実験値がよく一致し、最終的には橋長12ｍまで利用できる工法を開発した。

こうして、従来の木橋に比べて耐荷力がはるかに高く、コンクリート床版が木桁を雨水から守るので寿命も長く、架設が容易で安価な構工法が完成し、昭和14年当初から急速に普及したのである。

ついに発見

さて「戦後50年経った今でも1橋くらいは残っているだろう」と勝手に思い込んで開始した木コンクリート橋の捜索活動は「丸太材タイプの木コンクリート橋が最後に国道に架設されたのは昭和43年である」という記録を発見するにおよんで楽勝だと思った。つまり、造り終えてまだ30年そこそこなのだから楽に見つかるだろうと思ったのだ。国道では昭和60年代にすべて永久橋に更新されたようだが、道道や市町村道ならば可能性は高いだろうと思えた。

まずは休日ドライブの際に片っ端から調べてみた。努めて古そうな道道や市町村道を通行し、橋詰に車を止めては桁を見る。渓流釣りに行くときも、怪しい橋のある川を攻めた。いずれ見つかると思っているから、その道の歴史などをろくに調べもせず、場当たり的に行動すること5年。同乗する家人に「またぁ」と愛想を尽かされぬように飛び飛びに探していて、これではだめだと思うようになった。

次に古書店から秘密兵器を手に入れた。さっぽろ文庫第8巻の『札幌の橋』(昭和54年刊)、旭川叢書第19巻『旭川の橋』(平成3年刊)は市民向けの郷土書であるにもかかわらず、市内の全橋梁リストが掲載されている。これを手掛かりに、材料が「木」となっている橋をしらみつぶしに訪ねることにした。しかし、どれもが永久橋に更新されている。30橋くらい調べた頃に悟った。自動車交通の増大に伴い道路改良が急ピッチで進められた結果、大型トラックが通行できる道にはもう残っていないと。

そんなとき、ある港町に道路改良と橋の架け替えがセットで行われ、取り残された旧道と旧橋が新橋のすぐ脇に残っている地点があった。短くて狭い生活道路なので、こんな場合は地図からはなかなかわからない。その旧橋は鉄筋コンクリート製の桁橋だったが、ねらいはこれだと思った。

つまり、市町村に移管された短い旧国道で、現在は大型トラックが通行しそうにない狭い生活道路を探すのだ。注意深く地図を見ると、民家の張り付き方や道路線形で、最初にどの道が開削されたかがわかる。ここが旧国道に違いないと目星をつけたら、国道本線をそろりそろりと通過しながら、橋の上で素早く上下流を眺めて旧橋の有無を確認する。工

写真8　橋長9.0m、幅員4.0mの木コンクリート橋（荒谷橋）。2級国道228号だったところで昭和40年代初めに建設され、平成13年まで車が通っていたという。側面の桟木には雨掛かりを避けるためにトタン板が打ち付けられていた

事資材や漁具の物置になっていたり、道路面が相当に低くて国道本線から見えにくいことも多いので注意が必要だ。

そして平成14年（2002年）8月、道南の福島町吉野でとうとう木コンクリート橋「礼《れい》髭橋《ひげばし》」を発見した。しかも橋長6m、幅員4mの現役道路橋である（写真1）。ガードレールは更新されているが、丸太材タイプのしっかりした造りで、1・6トンの自家用車が通過してもびくともしない。すぐ脇の現国道228号本線橋も礼髭橋（昭和45年10月に竣工）という。

続けて、松前町荒谷で「荒谷橋《あらやばし》」を発見した。歩測によれば、橋長9・0m（2径間）、幅員4mの丸太材タイプの桁である（写真8）。

近所に住む石谷勝次郎氏に伺ったところ、木製橋脚が傷んでおり、前年の秋から車両通行止

めにしたとのこと。自宅を昭和37年に建てたが、その少し後の水害で荒谷川の水があふれ、護岸がやられた。橋はその水害の後、おそらく昭和41年か42年に完成したものだという。側面の縦状の木は何のためのものか不思議だったが、雨掛かりを避ける目的でトタン板が打ち付けてあったらしい。

さらに松前町大沢の法隆寺の鳥居の前で「鳥井橋《とりいばし》」を見つけた。橋長4・8m、幅員4mの丸太材タイプの桁で、側面に新しいトタンが張ってある(写真9)。旧国道とはいえ、市街地に近く、相当な荷重を受けている現役橋梁だ。

木コンクリート橋の研究は戦後も続けられ、よりコストを抑えるために上面だけを製材して欠き込みを施した丸太材の活用が主流

写真9　橋長4.8m、幅員4.0mの木コンクリート橋(鳥井橋)。ここも旧2級国道228号。現役の橋梁でトラックも通過する。側面には真新しいトタン板が打ち付けられ、非常に状態がよい

となった（図3）。ただし、よく乾燥して大きな亀裂のない材料を用いること、床版の防水性を高め、かつ水除け板などを設けて桁の雨掛かりを避けることが必要とされた。したがって、現役橋梁でトタン板を張ってあるこの鳥井橋の姿かたちがこの技術の完成品であると考えてよいと思う。

おそらく国道228号松前～江差間にはまだあるだろう。日が暮れてこの日の休日探偵を終えた。札幌の自宅まで350kmもあるが、満足感でいっぱいだった。

開発当初の木コンクリート橋を発見

その後、同年11月に同僚と再訪し、松前町でさらに2橋を発見した。「雨竜川橋」（写真10）と「萩流川橋」、いずれも丸太材タイプの桁だった。また、国道278号南茅部町（現函館市）の「木《き》直橋《なおしばし》」は昭和38年架設の木コンクリート橋だったが、昭和62年に国営滝野すずらん丘陵公園に移設され、園

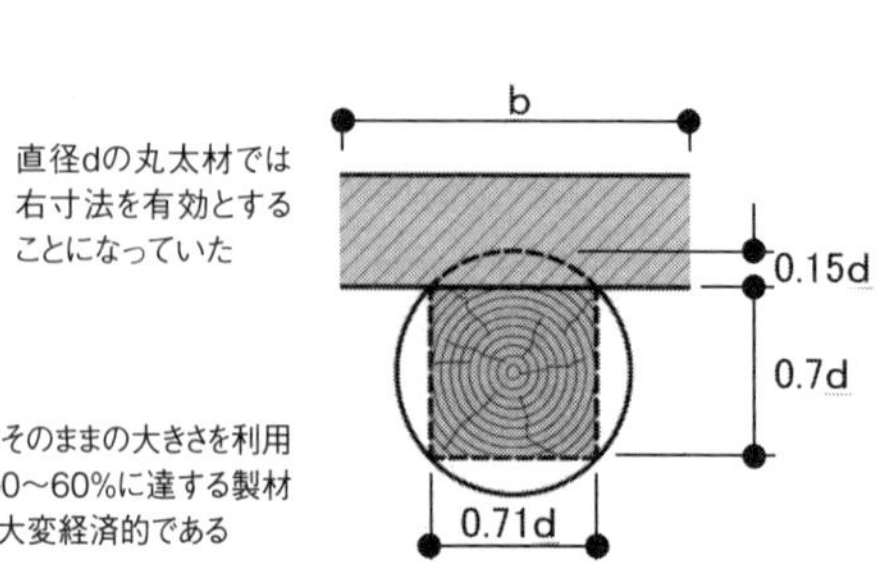

図3　丸太材は原木そのままの大きさを利用でき、かつ原木代の50～60%に達する製材費を節約できるため、大変経済的である

路橋として再び使用されていることもわかった。

こうなると欲が出てくる。丸太ではなく製材された四角い桁を用いた開発当初の木コンクリート橋を探し当てたい。廃棄された状態でもいい、ディテールを見たいと思った。相変わらず休日探偵を続けていた平成15年6月、積丹町野塚町でそれが実現した。

国道229号はその昔積丹半島の海岸線を廻っており、「積丹大橋」(昭和38年10月竣工)の左岸の旧国道脇に矩形に製材された桁を用いた純正の木コンクリート橋が残っていた。感激である。

この橋は2トンの荷重制限がなされているが、自家用車の通行は可能な状態であった。ただし、数本の桁が折れており、応急的に仮設支柱で支えられている。橋は「柏谷橋」(写真11)(写真12)という。2級河川積丹川水系冷水の沢川を渡る約6mのこの橋は、現在は積丹町に移管されている。

小川のほとりにある阿部邦吉氏宅を訪ね、夫人(大正8年生まれ)にお話を伺った。終戦を樺太で迎え、昭和20年8月に幼い子供を4人連れて実家のある積丹町に引き揚げてきたという。家はそのときに建てたが、柏谷橋はすでに存在していたとのこと。川は普段は流量が少ないが、雪解け水が流れてくるときに年に2回くらいは溢れそうになるとのことだった。高欄も親柱もない素朴な橋。戦時中に開発された木コンクリート橋の真の姿がこ

写真10　戦後は研究が進み、上面だけを製材した丸太材を使って経済性を追求した。この技術の究極の姿（雨竜川橋）

写真11　橋長6.0m、幅員4.0mの木コンクリート橋（柏谷橋）。旧道道だった路線で昭和18年頃に建設された。この技術の開発初期の姿を今に伝える貴重な土木遺産である

写真12　柏谷橋の構造は矩形に製材された木桁を並べた簡単なもの。しかし、無筋コンクリート床版との接合面に秘密がある

こにある。

高橋敏五郎技師のこと

高橋敏五郎は北海道帝国大学工学部土木工学科を昭和5年に卒業し、戦後北海道開発局発足後に初代の札幌開発建設部長となった人物である。その後開発局建設部長を経て、発足間もない日本道路公団名神高速道路試験所長（後に大阪建設局長兼務）となった。道路畑で活躍し、多くの道路技術者を育てた彼の仕事の流儀は「高橋学校」と名付けられている。

戦後は弾丸道路と言われた国道36号札幌〜千歳間34・5㎞の改良工事を最新の機械化施工で（しかもわが国初のアスファルト舗装を実用化して）わずか1年で完成させたこと、「道路は公園のように」という設計理念を部下に伝え、それが定山渓国道の造形につながったことなどでも名高い。昭和61年に81歳で亡くなった。

資源の乏しい国にあって、政治（戦争）や経済情勢の変化にも柔軟に対応し、社会のために知恵を結集して創意工夫を繰り返す。彼の設計態度から感じ取れる技術者魂に、筆者は大いに刺激を受けるのである。

木コンクリート橋の活用に向けて

北海道には石狩川、十勝川、天塩川などの大河がある。戦後は次々と大橋梁が架けられたが、どれも積雪寒冷地ならではの創意工夫が施され、北海道から発信する技術が増えていった（写真13）（写真14）。北海道独自のスタイル、その伝統の嚆矢が木コンクリート橋だったのである。地味な橋だが、間違いなく北海道の橋梁界の象徴だと思うし、その意味で大いなる土木遺産だと思う。

木コンクリート橋の発見から現在までに7年が経過した。この間、発見した7橋のうち2橋がすでに鉄筋コンクリート橋に更新された。実橋が見られるのはあとわずかな期間しか残されていない。

筆者らはこの技術を再検証し、用途開発を始めた。発見した7橋の前後には、後に造られた鉄筋コンクリート橋があり、いずれも塩害で傷んでいる。このことは、一面では鋼材を一切使わないノンメタル橋の優位性をはっきり示している。間伐材を有効に活用するという時代のニーズに応え、現在の材料でこの技術を蘇らせるのは、我々橋梁計画者の責務だと思う。

写真13　美原大橋（江別市）
石狩川を渡河する全長971m（中央径間340m）の3径間連続鋼斜張橋。基礎工法（仮締め切り兼用鋼管矢板基礎）は北海道で開発された技術（2005年竣工）

写真14　白鳥大橋（室蘭市）
全長1370m（中央径間770m）の吊橋。主塔の支持岩盤が非常に深く、橋梁では世界初の地中連続壁併用逆巻剛体基礎が採用された（1998年竣工）

〔参考文献〕　畑山義人、井上雅弘、菅原登志也『高橋敏五郎と木コンクリート橋』土木学会第65回年次学術講演会論文集、２０１０年９月／伊福部宗夫『木コンクリート橋の設計と計算について』土木試験所報告第９号、１９５１年６月／高橋敏五郎遺稿集編集委員会『道路こそわがいのち～高橋敏五郎さんのあしあと』１９８６年８月

II

エンジニアの視点で北の自然を再発見する

Ⅱ－1 地質で読み解く景勝地

山崎 淳

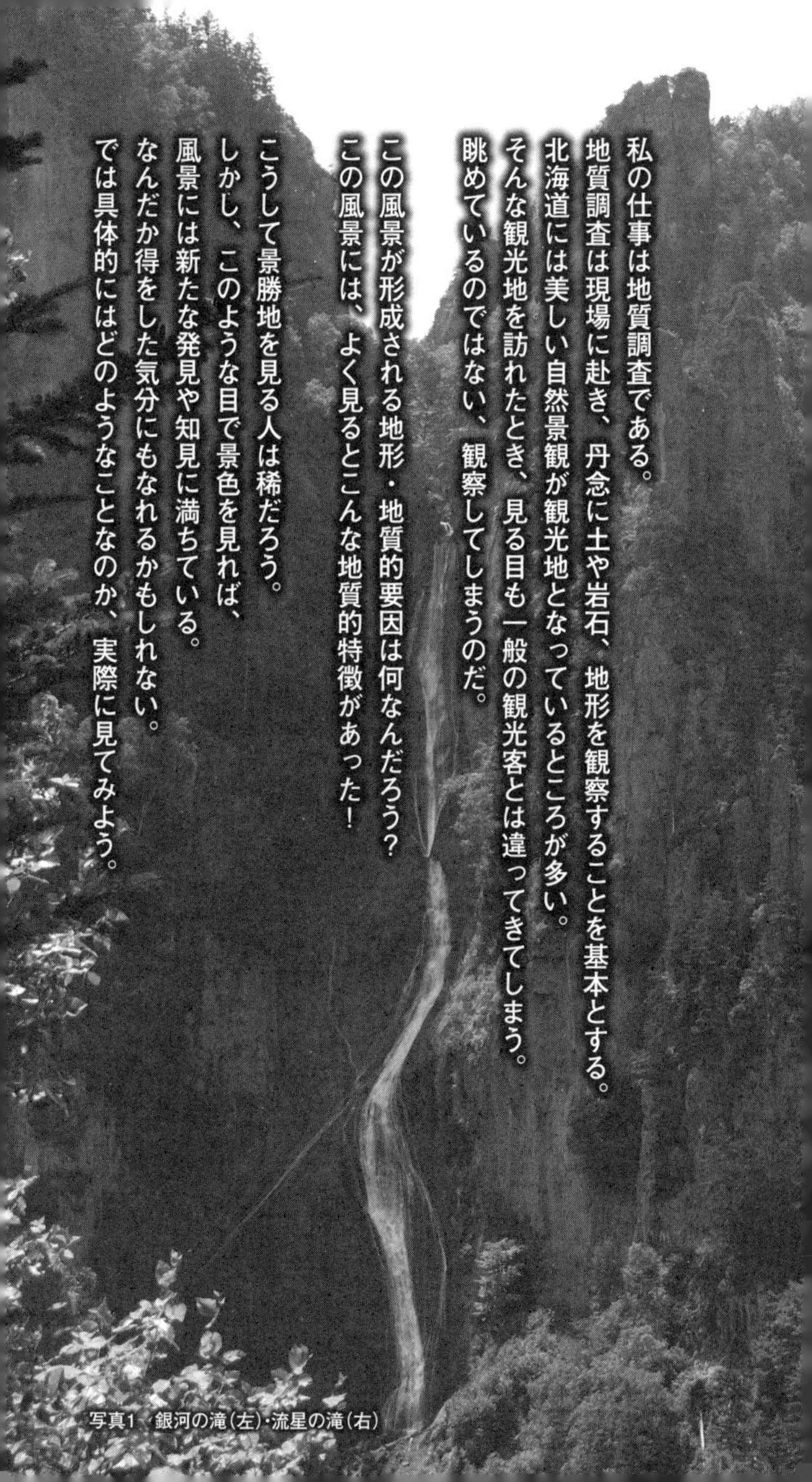

私の仕事は地質調査である。
地質調査は現場に赴き、丹念に土や岩石、地形を観察することを基本とする。
北海道には美しい自然景観が観光地となっているところが多い。
そんな観光地を訪れたとき、見る目も一般の観光客とは違ってきてしまう。
眺めているのではない、観察してしまうのだ。

この風景が形成される地形・地質的要因は何なんだろう？
この風景には、よく見るとこんな地質的特徴があった！

こうして景勝地を見る人は稀だろう。
しかし、このような目で景色を見れば、
風景には新たな発見や知見に満ちている。
なんだか得をした気分にもなれるかもしれない。
では具体的にはどのようなことなのか、実際に見てみよう。

写真1　銀河の滝（左）・流星の滝（右）

「岬」を観る

「○○岬」という地名は周囲を海で囲まれた北海道には数多く存在する。北方領土を除く日本の最北端である宗谷岬や同じく最東端の納沙布岬は観光地として名高い。

「岬」とは広辞苑によれば「海中または湖中に突き出した陸地のはし」の意味で、必ずしも海に突き出た切り立った崖だけを意味するものではない。しかし○○岬と聞いて多くの人がまず最初に思い浮かべるのは、海に突き出た切り立った崖だろう。実際に観光地となっている岬は、ほとんどがそういうところだ。海を高い視点から眺める眺望のよさが、多くの人の心を惹きつけるからであろう。

しかし、海から視点を変えて、岬の切り立った崖を形作る岩盤や崖の下に広がる岩盤の露出に目を向ければ、今までとは異なったものが見えてくる。ここでは、右ではあげられていない2つの岬を紹介しようと思う。

函館立待岬

函館市にある立待岬は函館山の南東麓に位置し、津軽海峡に突き出した岬だ。岬には石川啄木一族の墓もあり、函館山観光とセットにして訪れる人も多いメジャーな観光地だ。

　立待岬を形成している岩石は地質学の区分では、「函館山火山岩類」の「立待岬溶岩」に分類される。100万年前は火山島だった函館山の溶岩で、「石英安山岩」と呼ばれる岩石よりなっている。写真2は立待岬の駐車場展望台から西側の海岸を撮影したものだ。この写真を見てもわかるように、遠目にも横縞模様が観察される。

　一口に溶岩と言ってもその組成は千差万別だ。ハワイにあるキラウエア火山の溶岩のようにサラサラに流れる溶岩から、昭和新山のように粘り気が強く溶岩円頂丘を作るものまでいろいろある。

　立待岬溶岩の石英安山岩はやや粘り気が強

写真2　函館立待岬の駐車場展望台から西側の海岸を望む。海側にゆるく傾斜した縞模様が観察される

い。このような溶岩は流動の痕跡を縞模様として岩石に残す。この縞模様は「流理構造」と呼ばれ、二酸化珪素が多く含まれる火山岩の特徴となっている。

ところで、江戸時代には石材として採取されていたという立待岬の石英安山岩は、アメリカの首都ワシントンの中心にそびえる「ワシントン記念塔」に使われることが検討されたものだ。日本に開国を迫り、函館などの開港を勝ち取った米国のペリーが黒船で函館に来航した安政元年（1854年）、「ワシントンの記念碑に使用してはいかがか」と日本側から立待岬の石材を送ったという記述が『ペリー提督日本遠征記』にある。

ペリー一行が来航したのはもちろん日本に開港を迫るためだが、同時に自然や動植物に関する情報収集も行っていた。函館に来航した中にもジョージ・ジョーンズという地質に詳しい人材（本職は海軍付牧師）がおり、「函館付近の鉱泉史」という報告を残している。この中で彼は直接に立待岬の石材について触れていないが、穴間洞窟のスケッチや地質記録などを残している。

このように地質に詳しい人間がいたことを考えると、立待岬の石英安山岩は日本側が勝手に贈ったのではなく、ペリー一行のリクエストにより石材が贈られたのではないかとも思える。残念ながらこの石材はその後の行方がわかっていない。

写真3　弁慶岬展望台から海岸線を望む。干潮時にはこのように線状凹地がはっきり確認できる

寿都町弁慶岬

最初に写真3を見てもらいたい。この写真を見て皆さんは何を思うだろうか？　弁慶岬は寿都町にある南北方向に日本海に突き出した岬だ。積丹半島のすぐ南側に位置し、積丹半島の海と同様に岬からは深く、青く、透明度の高い海が見える。多くの人はその美しい海に目がいくだろう。実際にここからは美しい景色が見られる。寿都湾の彼方に見える後志の山々などは本当に美しい。

しかし、弁慶岬の絶壁や絶壁の下に広がる海岸に目を移すとまた別のものが見えてくる。

弁慶岬の絶壁や海岸を形作っている岩石は、今から700万年ほど前の「新第三紀中新世」に海底で噴出した火山から来た噴石や、噴出した後に海水で急冷されバラバラに破砕された「水冷破砕岩」だ。

海岸に下りるとやや白っぽい岩石が見える。これは「凝灰岩」と呼ばれ、火山灰が水中で堆積し岩石化したものだ。中には水冷破砕された黒っぽい火山岩の小礫も含まれている。これが多く含まれると遠目には黒っぽく見える岩石になる。また、礫の形も角張った形のものや磨り減って丸くなったものなど、さまざまな形のものが観察される。そして、それらが層をなして分布しているのだ。

もう一度写真に戻ってみよう。白っぽい地層と黒っぽい地層が層をなしているのがわかる。また、写真をよく見ると、これらの地層を横切って線状に海水が差し込んだ凹地があるのがわかる。しかもその線状の凹地を境に地層がずれているのも観察される。そう、この凹地は断層なのだ。

断層は大地の変動によって生じる。日本のようにプレートの境界に位置する場所では大地の変動も多く、地質時代から現在に至るまで多くの断層が生じている。繰り返し動くことにより断層部分の岩盤は周囲に比べて脆くなる。脆くなった部分は浸食に弱く、このような線状の凹地として残るのだ。弁慶岬から望まれる美しい風景を作っている地形も、このような大地の変動と無関係ではない。

「滝」を観る

雨や雪が降り、それがやがて川となり、川は最終的に海に至るまでさまざまな表情を見せる。その表情は水の量によっても変わるし、地形や地質によっても大きく変わる。地質の硬い――軟らかい、割れ目の多い――少ない…　性質のコントラストが時に川に滝を作る。日本のように起伏の多い国土には数多くの滝が存在する。これらの滝の中からタイプ別にいくつか紹介しよう。

火砕流堆積物が作る滝

支笏湖周辺には多くの滝が存在する。それは今から4万年ほど前の支笏火山の噴火によってもたらされたものだ。

支笏火山の巨大噴火は、広範囲に火砕流の堆積物を厚く堆積させた。火砕流堆積物は条件によっては硬く緻密な岩石となる。自重や熱により火山灰の粒子が結合するのだ。これを「溶結作用」といい、岩石を観察すると押しつぶされた軽石が観察される。溶結した火山灰は「溶結凝灰岩」と呼ばれる。溶結凝灰岩は溶結度によって分けられ、溶結度が高いほうが硬く、緻密な岩石となる。溶結度が低ければ簡単に壊れる軟質な岩石となる。火砕流堆積物は層をなして堆積するため溶結度の低い部分と高い部分が交互に積み重なる。このコントラストが滝を作る。

札幌市内の滝野にある「アシリベツの滝」（写真4）や有明にある「有明の滝」（写真5）、恵庭渓谷にある「ラルマナイの滝」をはじめとする滝群はすべて支笏の火砕流堆積物からなる滝だ。なかでも「有明の滝」は滝壺がなく、直に滝に触れられる数少ない滝だ。

道内にはその他にも火砕流堆積物が作る滝がある。その代表的なものは層雲峡の「銀河の滝」「流星の滝」（写真1）だ。

これらは3万年前の御鉢平カルデラができたときの火砕流堆積物が作った滝である。厚く堆

写真4　アシリベツの滝
日本の滝百選のひとつ、落差26m。滝野すずらん丘陵公園内

写真5　有明の滝
落差13m。遊歩道が整備されており、滝を上から見ることもできる

積した溶結凝灰岩が冷えて固まるときに「柱状節理」（写真6）という六角形の柱をいくつも並べたような地形を作る。その柱状節理が河川の浸食により削られ、柱状節理の垂直方向の割れ目に沿って絶壁が発達する。そして、そこに流れ込んだ河川が滝となって現れているのだ。

堆積岩が作る滝

礫岩や砂岩、泥岩などの堆積岩は、はじめは水平に堆積するため地層も水平に形成される。しかし、日本のような変動の激しい土地の場合、地層が水平を保ったまま数百万年もそのままの状態でいることはほとんどない。その後の地殻変動により地層が

写真6　柱状節理
層雲峡の景観は柱状節理を抜きにしては語れない

傾けば、地層は方向と傾斜を持つようになる。

地層の方向は専門用語では「走向」と呼ばれ、堆積岩が作る滝では、この走向が滝の姿を決める大きな要因となっている。ここでは川の流れが走向と一致した滝と一致しない滝の2種類について述べてみたい。

芦別三段滝

「芦別三段滝」（写真7）は奥芦別の道道1907号線沿いの芦別川にある滝で、その名の通り、おおよそ三段に分かれて落水する「段瀑」というタイプの滝だ。

ここは中生代白亜紀に堆積した地層で、地質学の区分では「上部エゾ層群」の「月見層」に区分される。月見層はおもに硬い粗粒砂岩層でできており、芦別三段滝では、写真を見てもわかるように粗粒砂岩層の走向は川の流れと直角に近い角度で交差しており、上流側に緩く斜行している。ジャンプ台のような形状となっている部分もある。

落差の大きな滝ではないが、ジャンプ台のような基盤岩の形状がこのような段瀑を形成するのに大きな役割を担っている。地質構造が滝の形状と密接な関係を持っているのだ。

夕張千鳥が滝

「夕張千鳥が滝」（写真8）は国道２７４号線沿いの夕張川にある滝で、紅葉の名所としても知られている。落差が20ｍ程度と大きくはないが、幾糸にも分かれて落水する「分岐瀑」というタイプの滝だ。

ここの地層は、今から１５００万年ほど前の新第

写真7　芦別三段滝
落差約10m。展望台の足元の岩盤で地質構造を確認できる

三紀中新世に堆積したもので「川端層」と呼ばれている。川端層は砂岩と泥岩が交互に積み重なった「互層」である。「タービダイト」と呼ばれ、海底土石流が繰り返し堆積することによってできたものだ。

砂岩は硬く、泥岩は相対的に軟らかい。泥岩の部分は水によって浸食されやすい。このことから互層のうち、泥岩部分が削り取られ、幾筋にも分かれた水路となり、分岐瀑となって落水するのだ。

夕張川は千鳥が滝の直前で流れを変え、地層の走向方向に進路を取る。千鳥が滝は川の流れと地層の走向が一致する部分にできた滝なのだ。分岐し、水量の少ない部分では地質構造を反映して70度程度左岸側（写真では向かって右側）に落水している部分もある。

さて、この千鳥が滝は地質関係者には非常になじみ深い場所である。地質学の標本見本のような場所で、私が大学で地質学を学んだとき、最初に実習で訪れた場所だ。砂岩・泥岩等の堆積岩の分類や走向・傾斜を計測することを教わったのはここだ。また海底土石流があったことを示す「ソールマーク」（海底土石流の流れが海底を浸食してできる跡）や上流から流されてきた石炭片も観察することができる。

こんな話がある。明治6年（1873年）に来日したベンジャミン・スミス・ライマン（1835～1920）という御雇い外国人技師がいた。彼は開拓使仮学校（北海道

写真8　夕張千鳥が滝
落差約20m。地質構造に沿って落水している

大学の前身）で地質測量主任として数学・物理・測量・製図・地質学・鉱物学を教え、日本の地質学の発展に尽力した技術者だ。

　このライマンは、明治6年から3年間道内を広く巡り、地質調査を行っている。成果は日本初の広域地質図『日本蝦夷地質要略之図』としてまとめられた。

　未開の地の北海道には道路も、満足な地図すらなかった時代である。地質調査・測量に赴くには、川を遡るのがいちばん楽な手段であった。ライマンは明治7年6月18日から6月20日まで、3日かけて夕張川を上り、おそらく千鳥が滝が彼の行く手を阻んだに違いない。翌21日に下っている。

　彼は6月19日のフィールドノートに、「Coal Pebbles!」（石炭の塊）と他よりも大きな字で書いている。引き返す前日なので最初に炭塊を発見したのは千鳥が滝ではないと思うが、千鳥が滝では上流に良質な炭田が存在するとの予想が確信に変わっていたことだろうと思う。この発見が端緒となり彼の弟子たちにより夕張炭田が発見されたのだ。

重力の支配する星

ここまで見てきたように、滝の形成は河川の浸食の一過程だ。千年後、いや百年後とて現在の形を保っている保証はない。現に滝の岩盤が崩落したため滝の高さが低くなってしまったというニュースも耳にする。

白老町に「インクラの滝」(写真9)という滝がある。支笏の火砕流堆積物が作った滝だ。この滝の上は溶結度の高い溶結凝灰岩だが、下は非溶結部で非常に軟質だ。その非溶結部には直径10m程度の大きな「へこみ」がいくつか観察される。この「へこみ」は凍結融解の繰り返しによりできたものらしい。へこんだ部分はオーバーハングした部分を作る。オーバーハングした部分の上の岩盤は当然不安定になるのでそのうち崩落するはずである。インクラの滝では、そのような浸食の過程を間近に観察することができる。

地質学的タイムスケールでいえば滝の形成は一瞬のできごとだ。浸食力には勝てない。

写真9　インクラの滝
日本の滝百選、落差44m。インクラはアイヌ語ではなくインクライン（貨物用ケーブルカー）が語源

河の流れは重力によって生み出される。滝を見ていると地球上の万物は、重力に支配されているのがよくわかる。

さてここまで紹介したように観光地、景勝地と呼ばれる場所が、同時に地質学的な見どころとなっている場所は案外多い。そこで私たち地質関係者も景勝地を訪れることが多いのだ。

景勝地の海岸線で、美しい海を見ずに山の方ばかりを見ている異様な集団がいたら、その集団が見ている先を見ると、思わぬ発見があるかもしれない。

Ⅱ－2

崖《がけ》の科学

——どうやってできる・なぜ崩れない

川北 稔

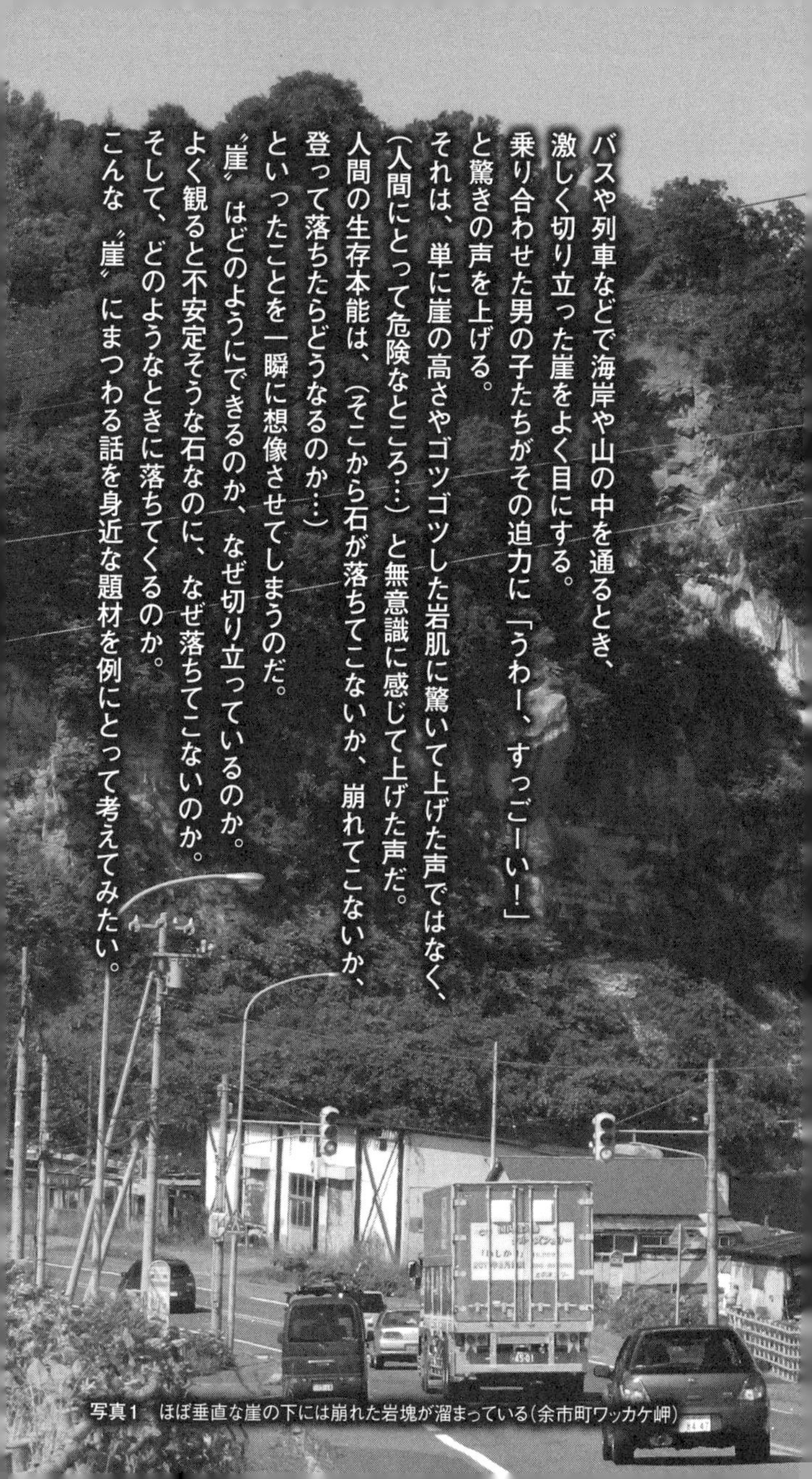

バスや列車などで海岸や山の中を通るとき、
激しく切り立った崖をよく目にする。
乗り合わせた男の子たちがその迫力に「うわー、すっごーい！」
と驚きの声を上げる。
それは、単に崖の高さやゴツゴツした岩肌に驚いて上げた声ではなく、
（人間にとって危険なところ…）と無意識に感じて上げた声だ。
人間の生存本能は、（そこから石が落ちてこないか、崩れてこないか、
登って落ちたらどうなるのか…）
といったことを一瞬に想像させてしまうのだ。
〝崖〟はどのようにできるのか、なぜ切り立っているのか。
よく観ると不安定そうな石なのに、なぜ落ちてこないのか。
そして、どのようなときに落ちてくるのか。
こんな〝崖〟にまつわる話を身近な題材を例にとって考えてみたい。

写真1　ほぼ垂直な崖の下には崩れた岩塊が溜まっている（余市町ワッカケ岬）

崖はどのようにできるのか

土地を利用して生活をしている以上、人間は何らかの形で山とかかわりを持つ。人や物を運ぶ道路や鉄道は、取り付きやすい海岸ぶちや川べりに沿ってつくられる場合が多い。それらの行く手に川がある場合には橋が架かり、山にぶつかったときには削ったり、トンネルができる。海岸や山間の河川には山体が迫っている場合が多く、おのずと崖と接近することになる。

崖は山が崩れた跡にほかならない。山を構成しているのは岩であり、崖の有様は、この岩の性質で決まるといってよい。そのほかに、地震の発生や台風の通り道、あるいは海や川に接近しているかなどとも関係する。崖の大きさや形は、実にさまざまである。そこで、身近なものでちょっとした実験をして、崖ができることの本質について考えてみる。

まず、豆腐を少しずつずらしてまな板から外していく。4～5㎝くらいまな板からはみ出させても豆腐は大きく下に垂れ下がるが切れてしまうことはない（写真4）。

次に、同じ豆腐をまな板の上にのせ、豆腐の端から3㎝のところに包丁で上から切り込みを少しだけ入れてみる（写真5）。同じように、豆腐をずらしていくと、この切り込みのほんのわずか手前で最初はゆっくりと切れ始め（写真6）、そのあとは一瞬にして崩れ

写真2　山岳道路沿いの崖斜面（静内川右岸斜面）

写真3　海岸ぶちの崖斜面（函館市戸井漁港）

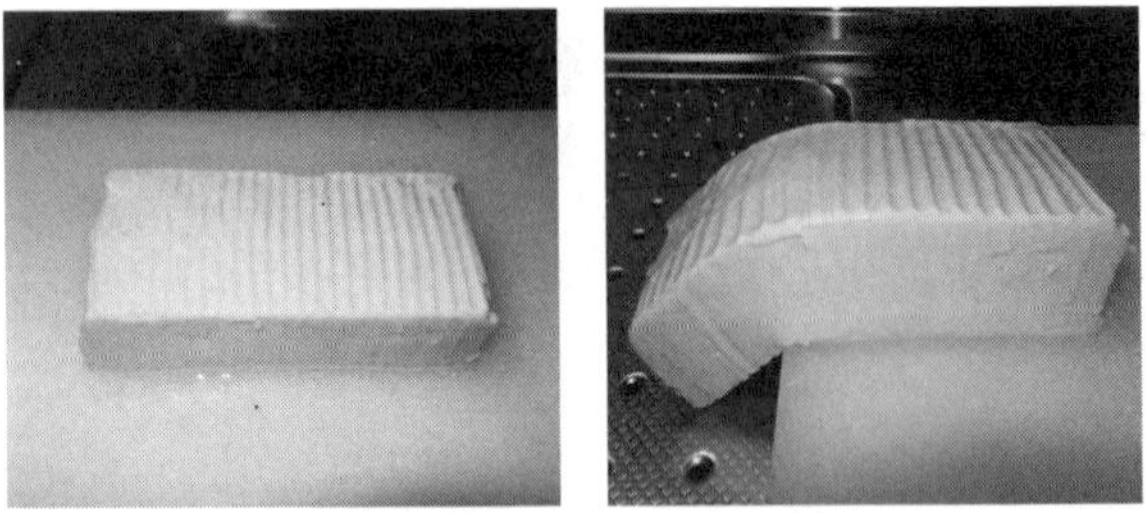

写真4　まな板から4～5cm出しても豆腐が割れ落ちることはない

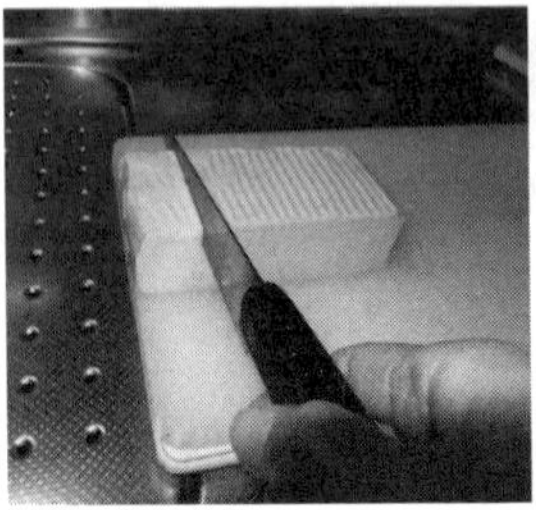

写真5　豆腐の端から3cmのところにわずかに切り込みを入れる。包丁をはずすと切り込みは目ではわからない

写真6　ゆっくりとまな板の外に豆腐を移動する。最初は、ゆっくりと〝口〟をあけ始める

写真7　豆腐は切り込みを入れた付近で一瞬にして割れ落ち、立派な〝崖〟ができる

写真8　豆腐の〝崖〟の断面には、切り込みとその下のざらついた面、さらにその下の滑らかな面が観察できる

落ちてしまう。その断面は、切り込みのほぼ真下に伸びており、立派な豆腐の〝崖〟ができ上がる（写真7）。同じ豆腐でも、ほんの少し表面に傷をつけただけで、豆腐は引き裂かれ破断を引き起こしてしまう。

もっとも、十分に長い豆腐が仮にあった場合、切り込みを入れなくても相当程度の長さがまな板から出た段階で豆腐が破断してしまうのは容易に想像がつく。こうした例は、冬に軒先から雪が飛び出し、少しずつ切れて落ちる様にも見ることができる。

また、この豆腐の〝崖〟の断面をよく観察すると、切り込みのすぐ下にはややざらついたところがあり、その下面には比較的滑らかでほぼ垂直な面（まな板の端に近づくにつれて傾きを持つ）が形成されているのがわかる（写真8）。

このざらついた面は、「最初のゆっくりと切れ始めた」ところに相当し、その下の滑らかな垂直面は「一瞬にして崩れ落ちた」面に相当する。

実際の自然斜面でも、切り込みを入れた豆腐と同様に見事に垂直に立った崖面が存在する（写真9）。この例は、海に突き出た岬の先端だが、波浪で斜面の根元が浸食されて上部斜面が出っ張り（オーバーハングという）、岬の山体にもともと入っていたと思われる切り込みのような弱面から破断が進行し、ついには垂直に崩れたと思われる。

こうした自然の破断面のなかにも、豆腐の〝崖〟と同様な「ざらついた面」と「比較的

写真9　自然の山体にも豆腐の〝崖〟と同じような崖が観察される(小樽市塩谷地区の立岩)

なめらかな面」が観られる場合がある。

このことは、豆腐と岩盤という違いはあるものの、本質は同じであることを示している。つまり、物が不安定化して崩れるか否かは、崩れ落ちようとする重量と、それを支えようとする力との大小関係によって決まるのである。そのときに表面から内部に至る切り込みのような弱面があった場合、豆腐の例のように破断が加速される。

ここで問題なのは、こうした切り込みのような弱面がほとんどの場合、外からはわからない点である。この点が、山の斜面のどの部分が落ちそうなのか、あるいはどのくらいの深さで落ちるかを判断する根源的な難しさの原因になっている。日常なんとなく見ている山々には、こうした弱面が無数に入っているのである。

なぜ岩は落ちない

写真10・11は、層雲峡の左右の崖に見られる岩である。こうした景勝地と呼ばれるところでは、「崩れ落ちないほうが不思議な岩」が名所となっていることがある。

また、〝崖〟下の斜面上には形が不ぞろいな石「転石」が多く見られる（写真12）。これらは、崖が形成されたときの副産物で、人間の生活に重大な影響を及ぼした場合、〝落石〟となってしまう。

では、どのように〝落石〟が発生するのか。今度は、まな板の上に切りそろえた、タマネギ、ニンジン、ジャガイモで考えてみたい（写真13）。

材料は3種類であるが、それぞれ形も大きさも、そしてまな板（斜面）との接触状況も違う。まな板を徐々に傾けたときにこれらの食材は簡単に落ちるだろうか。実は、そう簡単には落ちない。40度くらいの傾斜になって少しずつ動き始めるが落ちるまでには至らない。

これは、学校の理科で習った「斜面問題」だ。斜面上の物体の安定性は、物体の重さに

写真10
層雲峡四の岩地区の岩塔

写真11
層雲峡双槍峰対岸の岩塔

写真12
〝落石〟予備軍の転石が多く見られる斜面。どれが落ちるだろうか?

よって生じる「斜面をすべり落ちようとする力」と「斜面との摩擦力」との大小関係で決まる、と習ったことを思い出してほしい。すなわち、すべる力が斜面との摩擦力を上回った場合にすべり落ちるのである。

そこで、次に、まな板を40度程度に傾けておき、水をまな板の上からかけてみる。すると、まな板の上の食材のほとんどは落ちてしまう。水が食材とまな板との摩擦力を一瞬奪ってしまい、食材の多くは重力の赴くままにすべり落ちてしまう。大雨警報のときなどに、「土砂崩れや落石に注意」とあるのは基本的にこうした現象が背景にある。

一方、斜面との接触面積がわずかで、物体の重心が物体の底辺を越えて谷側にある場合には、すべるよりは転倒もしくは回転の現象になる。例えば、鉛筆のような細長い棒状のものやボールのような球状のものがこれに相当する。とても不安定であり、こうしたものが斜面上にあるときはより注意が必要になる。

前掲した層雲峡四の岩の岩塔状の岩は、その背面や底にも明瞭な〝亀裂〟があるように見える。外観からは不安定きわまりない岩塊がこれまで落下しなかったのは、背面や底に強い付着力（亀裂の凝集抵抗力という）があるからにほかならない。

実は、こうした強い付着力の詳しい成り立ちは、あまりわかっていない。例えて言えば、強いマジックテープみたいなものが長い年代を経てでき上がった、と表現できるかもしれ

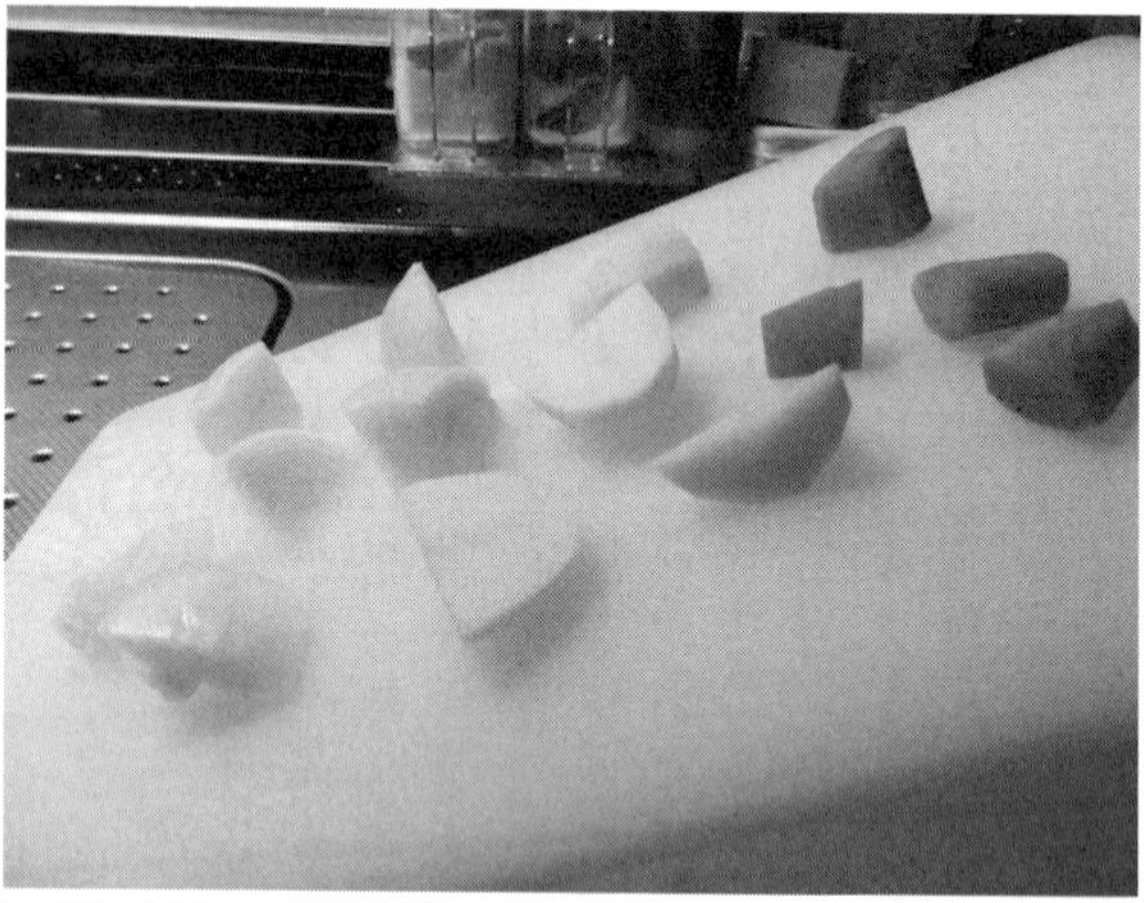

写真13　まな板の上のタマネギ、ニンジン、ジャガイモ。どれから先に落ちるだろうか

ない。また、玉子焼きは、薄くのばした卵を丸めながらつくるが、断面には渦状の縞ができる。この渦に沿って玉子焼きをはがそうと思っても容易にははがれない。このように、亀裂ができる過程において、熱などの作用によって〝凝着〟しているのかもしれない。

いずれにしても、こうした岩塊が落下するには、マジックテープを剥ぎ取るくらいの強い外力（地震など）か、徐々に付着力を弱める長い年月が必要なのである。

崖の形成や落石は予測できるか

近年、ラジコンヘリコプターによる近

接の空中写真やロッククライミングによる登攀《とうはん》調査によって危険と思われる岩体の評価技術が向上したのは事実である。しかし、「必ずこの弱面から崖が形成される、この岩体が剥がれ落ちる」と言い切るまでには残念ながら至っていない。なかには、明らかな弱面が見られながら、そこからは崩れず、そのすぐ横の目では何も確認できないところから崩れた例もある。

自然界の山体は人知が及ばない複雑な弱面を多数内在しており、崖の形成に関係する決定的な切り込みがどこに入っているかは実際のところわからないのが現状である。ましてや、予測には、時間的な要素も含まれるから「こうなれば落ちる」が仮にわかったとしても、「いつ落ちる」を知ることは現時点でははなはだ難しいのである。

一方の転石についてはどうだろうか。まな板で観たように、水の介在によって、総論としてはおそらく大雨時や融雪期には転石は危険になり、落石の危険性が指摘できる。しかし、これも、ひとつひとつの転石が「いつ、どのように落ちるか」を断定的に予測することは困難である。それは、転石そのものの重量や斜面との接触状況がほとんどの場合わからないからである。強風が吹き荒れると木が倒れやすくなることは誰も否定しないが、「どの木が倒れるか」という問いには、誰もが答えられない状況とよく似ている。

では、こうした問題にどう対処してきたのだろうか。自然界のことを明らかにしようと

写真14　斜面からの落石規模などを評価して対策された防護工の例
右側：コンクリート擁壁（ようへき）工とその上の落石防護金網工
正面：落石覆道工

思っても、到底できることではない。しかし、わからないなりに一定の判断をして人間の生活を守る工夫がこれまでもされている。危険そうな崖面を目の前にしたとき、「いつ落ちるか」はわからないにしても「どのあたりが崩れそうか」の見当をつけることはできる。見当をつけた場所以外から崩れた例も少なくないが、とりあえず、今でき得る方法を駆使して見当をつける。そして、仮にそこが崩れた場合、「どこまで影響を及ぼすか」を予測する技術（数値シミュレーションという）もいろいろ提案されている。また、落ちる大きさや高さなどから、それを受け止める力も見積もることができる。

こうしたことから、転石が斜面にある場合には、最大規模の落石を想定して、斜面と道路との間に防護柵を設置したり、あるいは、覆道と呼ばれる構造物で道路を覆ったりする(写真14)。崩れ落ちる規模がもっと大きいか、あるいは、それ自体を推し量ることが難しい場合には、その場所を回避してトンネルなどで対処するなど、〝崖〟や斜面の状況によってさまざまな工夫がされているのである。

休日の朝は決まって包丁を執り朝食を作る。自分や家人の食べたいものを作るのである。朝だけではなく、昼も夕も包丁を執る。今回、食材を用いて〝崖〟にまつわる話を述べたのは、実はこうした背景がある。包丁を執りながら、ふと、崖の形成や落石予測の可能性について考えてしまう。

休日の、なんの変哲もない材料や事柄から、我々が直面している自然が成す力学の問題について今後もいろいろと探ってみたいと考えている。

Ⅱ－3 川のお医者さん奮闘記

——守るべきもの・治すべきもの

堀岡 和晃

私は、河川環境を調査・検討する部門で働く傍ら、
NPO法人自然環境復元協会の環境再生医として、
「河川環境の地元かかりつけの主治医（ホームドクター）」を目指して、
地域の住民や活動団体と
研究発表会や現地説明会を行うなど、微力ながら活動している。
そんな立場から、
私は病に冒された多くの河川や湖沼と向き合ってきた。
ところが、長い年月をかけてゆっくりと変化していく自然と、
短い間に結果が求められる人間社会とではものさしが違い、
病気と診断し、処方箋を書くにしても、
答えは一通りではない。
今回は、湖と湿原を例にして、
自然を相手にした病気治療の難しさを考えてみたい。

写真1　釧路湿原の湿生草原のまわりにハンノキ林や農地が迫っている様子（釧路市提供）

川のお医者さん奮闘記❶……湖の守るべき環境とは？

湖底泥の蓄積が希少なマコモ群落を生んだ

ウトナイ湖は、北海道の中央部にある2・2㎢の淡水湖で、渡りをする水鳥の重要な中継地としてよく知られている。平成3年（1991年）には周辺の湿地や森林を含めた約5・1㎢が、ラムサール条約（特に水鳥の生息地として国際的に重要な湿地に関する条約）の国内4番目の登録湿地に指定された。

「マコモ」は、イネ科の大型水生植物であり、ハクチョウなどが根を好んで食べることから、保全すべき植物として注目されている。ウトナイ湖では人の手によって、水深が浅くなった結果、水域や周辺湿地が減少しかけたものの、マコモと多様な水草植生が増え、逆に水深を回復させると、今度は保全すべきマコモと多様な水草が衰退するといった問題が出てきたのだ。

通常、湖といえばもっと深いものを指すので、ウトナイ湖は沼といった方が適切だろう。沼の環境は、水深の上昇・下降によって、目まぐるしく変化するのだ。

ウトナイ湖の事例は、守るべき自然は何かを川のお医者さんに突きつける。

写真2　現在ウトナイ湖湖岸にわずかに生育するマコモ

診察は、水草だけでなく、水深や湖底の泥の変化にも着目する必要がある。ウトナイ湖は、深いところでも大人の胸ぐらいの深さしかない。実際、水草の調査の際は、湖を歩いて調べていたほどである。湖の環境を守る上では、ある程度深いほうが、風波により撹拌や湖内の流れが増すので有利に働く。

1970年代初めには、1・1mほどあった湖の水位は、周辺開発や河川改修などの影響で1970年代後半には0・5m程度まで低下し、湖の中央に泥がたまり、そこにマコモが大量に増えた。

その後、1980年代に入ってから、多雨の影響やその後の堰の設置により、水深は0・8m程度まで回復した。さらに、河川の切り替えによる河川水の流入などで、底に堆積していた泥が撹拌され大部分が流失した（一部は北側河岸に漂着した）ことで、もとの深い湖が復活した。

現在は、沈水植物のセキショウモとホザキノフサモなどが繁茂する一方、保全すべきマコモは減少してしまった。

湖の植物はどうやって変化するのだろう

清らかな水に恵まれた北海道であっても、湖やため池、三日月湖、内湾など停滞した水域（閉鎖性水域という）では、わずかであっても流入した栄養は蓄積され、徐々に栄養過多となる。これを富栄養化という。一方、ウトナイ湖では、湖に注ぎ込む美々川に大量に水草が繁茂しており、その水草が鉄と化合する有機酸を出し、それがウトナイ湖に流れ込むことで、かろうじて植物プランクトンの増加が抑制されていた。つまり底泥がたまっているにもかかわらず、水が濁らない状態だったのだ。

ここで、富栄養化の進行と水生植物の遷移の関係を模式図（図1）で考えてみよう。

【A】泥が少なく、水が澄んでいるときは、湖底まで日光が届き、沈水植物が繁茂する。開発前の状態がこれだ。

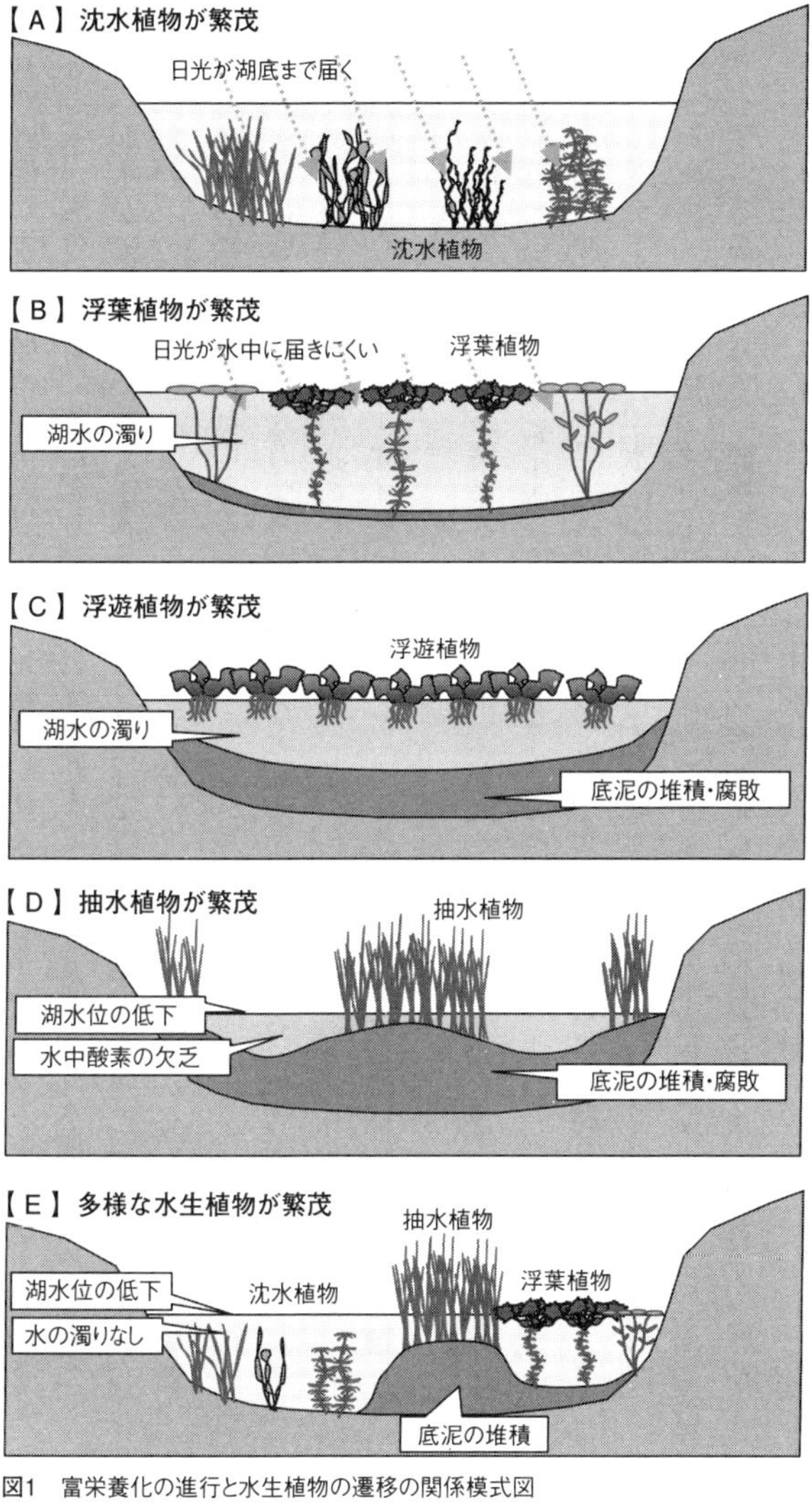

図1　富栄養化の進行と水生植物の遷移の関係模式図

【B】底泥が堆積し始め、富栄養化が一定量を超えて進むと、植物プランクトンが増え、水が濁り始める。水が濁り湖底に日光が届きにくくなると、沈水植物が衰退する。泥水が流れ込んで濁る場合も同じように沈水植物が衰退する。これに代わって、スイレンやヒシといった、湖底に根を生やし、葉を水面に浮かべるタイプの浮葉植物が繁茂することになる。

【C】さらに底泥が厚くなり栄養が蓄積すると、泥が腐り始める。こうなると湖底に根のある浮葉植物も衰退の一途をたどる。この段階では、湖水は水耕栽培に近い状態となり、ホテイアオイやウキクサといった根無し草的な浮遊植物が湖面を覆うようになる。

【D】水位が下がり、泥が積もることで、水深が浅くなるとともに、水中の酸素が欠乏すると、浮遊植物すら生育できなくなる。唯一、ガマやマコモといった抽水植物が、水面に伸ばしたストロー状の茎を通して酸素を得て生き残り、増えることになる。

【E】ウトナイ湖の場合、水位が下がるとともに底泥が中央付近に厚く堆積し浅くなったため、抽水植物（マコモ）が増えた。ここまでは富栄養化のメカニズムに沿っているが、一方で、植物プランクトンが抑えられているため、水が濁らず、縁辺部の底泥の少ないところには、沈水植物、浮葉植物も棲み分けていた。

希少なマコモは救うべきか

マコモが減少したウトナイ湖では、「湖水位を低いままに保ち、多様な水生植物と希少なマコモが繁茂している状態を保つべきだ。湖水位を上げて、これを衰退させたのはいかがなものか」という意見がある。しかも、ウトナイ湖では、泥が堆積していても水が濁らないので、マコモが繁茂していた時代には、他の水生植物も混在する多様な環境ができていた。特定の生き物に着目すれば、その生物にあった環境を維持すべきだったのかもしれない。

しかし、今回の場合は、人為的に環境を改変させた後、マコモが育ったのである。まず湖の環境全体を「土砂堆積した【E】の段階」から、「元の良好な【A】の段階」に戻すことが必要だったのだ。

せっかくの多様な水生植物種から、沈水植物だけの単調な環境になることは、確かに残念だ。だが、環境は自然の状態でもゆっくり遷移していくもの。湖全体の生態系のメカニズムを考えると、緊急策として湖水位を上昇させることによって富栄養化を食い止め、改善できたことは、人為的に湖水位を低下させたことに対する〝つぐない〟として評価することもできる。

現時点では、ウトナイ湖という限られた範囲で、泥の堆積を防ぎ、マコモ群落と多様な水草植生を保全するといった望みをすべて叶えるのは困難であるが、今後、よりよい解決策を考えていくことが必要だろう。

川のお医者さん奮闘記❷……湿原のハンノキ林は切ってよい？

流路転移症が引き起こしたハンノキ林の増加

人工的な改変が湖内の環境を変化させ、その結果、貴重なマコモ群落を出現させた事例を紹介した。経済活動により自然が変化し、いつしか「経済活動」対「環境」のトレードオフが、「環境」対「環境」のトレードオフになったのである。このように人工的に改変されてしまった環境の中で、何を守り、何を直すべきなのか、その答えは簡単ではない。

次に釧路湿原で起こっていることを紹介しよう。

釧路湿原は、北海道東部に位置し、昭和55年（1980年）ラムサール条約登録湿地に、昭和62年に国立公園に指定されている。

その日本を代表する釧路湿原は今、湿生草原がすごい勢いで森に変わるという病に冒さ

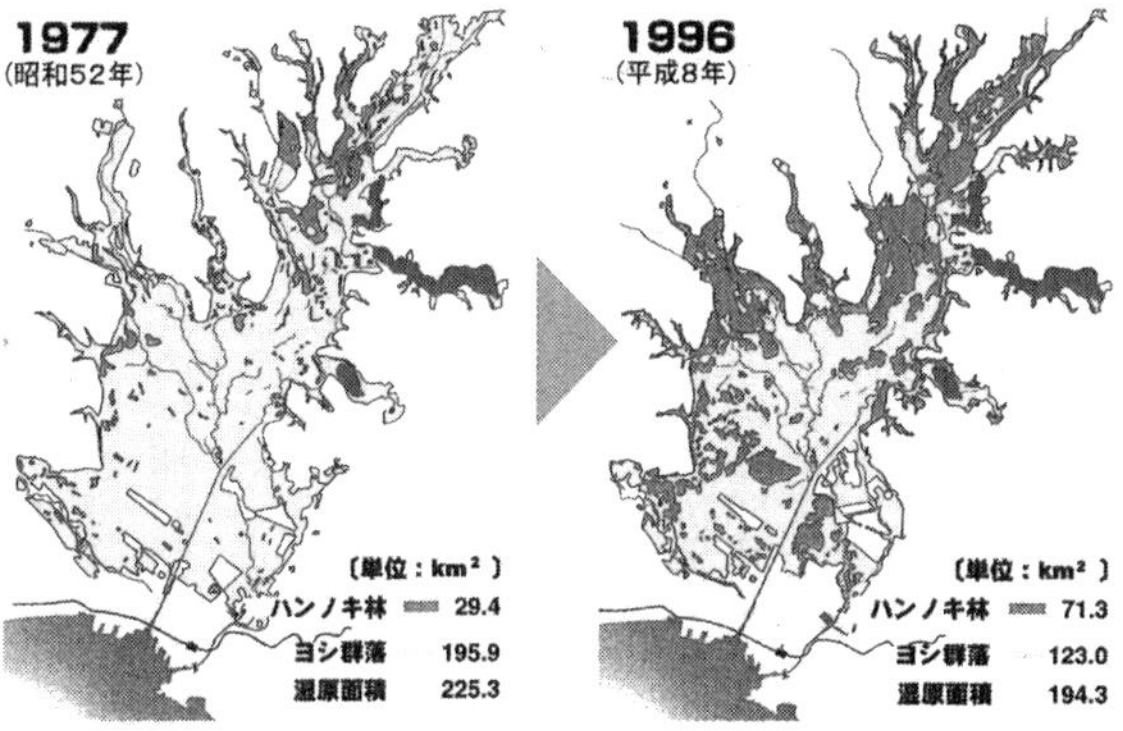

図2　釧路湿原の植生の変化（出典：釧路湿原自然再生協議会）

れている。特別天然記念物のタンチョウの生息域であるヨシ・スゲ群落が急激にハンノキ林に変化し、ここ20年のハンノキ林の分布拡大は、札幌ドーム約800個分に相当する。これは湿原全体面積194km²の37%に及ぶ勢いである（図2）。

湿原を森に変えているのは、ハンノキというカバノキ科ハンノキ属の落葉性の高木で、俗称ヤチハンノキと呼ばれている。ハンノキ自体は外来種でもなく、湿地林を代表する種である。

もともと釧路湿原は、地表付近まで水に浸かるヨシ（湿性草原）に適した環境であった。一方、ハンノキは、ヨシが生育するほど過湿な場所では生育が阻害され大きくなれない。だから、低いハンノキが点在するのなら納得するが、原因がわからずに元気なハンノキ林が拡大している状況では、他の湿原植生が失われていくことをどのように考えるべきか、ハンノキの抑制に向け自然にどこまで介入すべきか、答えが出せずに困っている。

湿原のハンノキ増加の原因として、これまで「土砂堆積説」「地下水位低下説」「地下水のリンの増加説」といった説が唱えられている。それぞれについて考えてみよう。

①土砂堆積説：湿原の縁辺部なら土砂が運ばれて堆積することで、乾燥化してハンノキが増えることは十分考えられるが、広い釧路湿原の奥深くまで乾燥化させるほど土砂が堆積するとは考えにくい。

②地下水位低下説：湿原全体の地下水調査結果だけ見ると、ハンノキ林内で地下水位が高い場所が多く、ハンノキと地下水位低下の関連があるとはいいがたい。

③地下水のリンの増加説：湿原内の深い地下水のリン濃度が増えたことでハンノキが増えるとの説であり、湧水の高濃度なリンとハンノキ生長の関連性は示されているものの、ハンノキ分布範囲と地下水が湧き出る範囲との関連性は不明な点が多い。

こう見ると、いずれの説もハンノキの増殖を説明してくれない。この糸口を探るため、湿原へ往診に向かおう。

広大な湿原は、むやみに分け入ると、帰り道がわからなくなったり、ぬかるみにはまって出られなくなる危険な場所でもある。調査員は、排水路や川の脇が乾いて歩きやすいことを体感している。そこで湿原調査は、安全で歩きやすいルートを探すことから始める。

そして排水路に沿って湿原の中に分け入っていくと、根株が露出した奇妙な形の元気なハンノキの林に遭遇する（写真3）。この奇妙なハンノキを「根株露出・高木型ハンノキ」と呼ぶことにしよう。

根株露出・高木型ハンノキは、根株露出なのに一本立ち高木という、これまでの分類にない形をしている。

根株が露出した林は、どうしてできるのだろう。

ハンノキが自力で根株を持ち上げる能力があるという説は聞いたことがない。逆に地盤が抜け落ちたと考えられないだろうか。

写真3　根株が露出したハンノキ

写真4　排水路沿いに発達した根株露出・高木型ハンノキ

根株露出・高木型ハンノキが生まれた理由

川のお医者さんは、見た目の変化がわかりやすい生物だけでなく、地圏（土壌、地下水）、水圏（河川、水路）、気圏（雨、気候）といった関連する環境の変化にも着目しなければならない。診察のポイントは、湿原の高さが排水路沿いに下がっていたという測量で判明した事実だ。すなわち、排水路が掘られると湿原が沈み始め、その間にハンノキが育つと考えられる。

湿原の土は「泥炭」といい、ヨシなどの枯れ草を多く含む土である。寒冷地では、地下水が高いと空気に触れることができず、草や落ち枝・葉の分解が進まないまま堆積して泥炭となる。堆積速度は年間1㎜程度といわれている。ところが、地下水位が下がると、枯れ草などが空気に触れ、微生物による分解が進み、黒色土に変化する。空気に触れるかどうかが重要なポイントだ。

根株露出・高木型ハンノキが生えた地面の傾きをよく見ると、地形の傾きと異なり、排水路に向かって下がっている。その排水路に沿ってハンノキが繁茂している。排水路で地下水位が低下すると、周辺の泥炭が分解して地盤が沈下する。ハンノキの周辺にある通常の湿原では見られない黒色の腐植土は、泥炭が分解した証拠だろう。

ちなみに、1m沈下すると千年分の泥炭が消失したことになる。さらにこのとき、泥炭中に固定されていた炭素が消費されて二酸化炭素に変わる。湿原の保全は、実は、炭素固定にも貢献しているのだ。

川のお医者さんの診断（仮説）を、変化の順を追って見ていこう（図3）。

【A】元は地下水位が高い。

【B】排水路ができると、排水路沿いの地下水位は速やかに低下する。比較的乾いた地盤にハンノキの種子が定着し、稚樹の一斉林ができる。

【C】ハンノキが根を深く延ばし生長を続けるうちに、乾燥した泥炭が分解して地盤が沈下する。

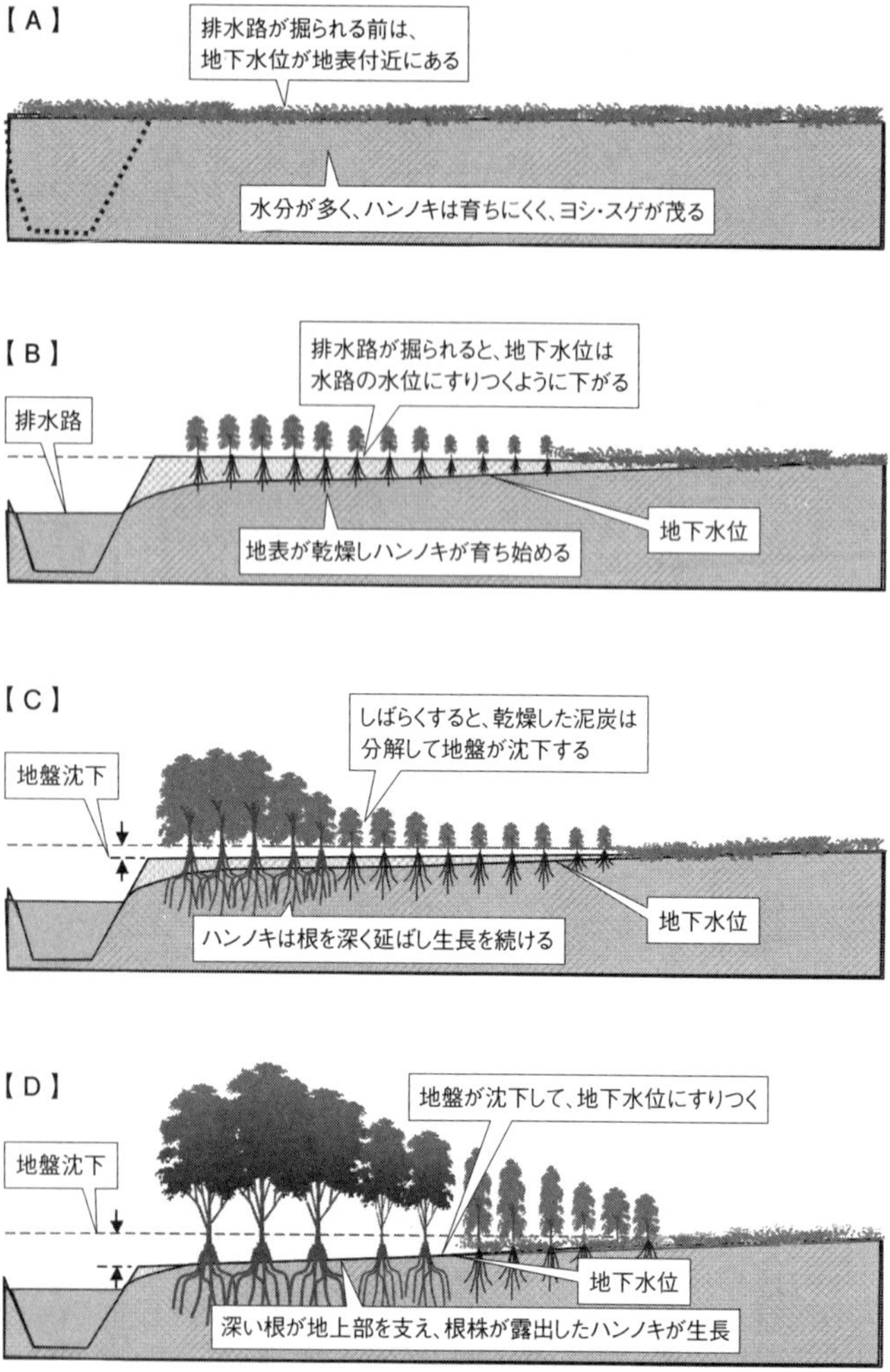
【A】
排水路が掘られる前は、
地下水位が地表付近にある
水分が多く、ハンノキは育ちにくく、ヨシ・スゲが茂る
【B】
排水路が掘られると、地下水位は
水路の水位にすりつくように下がる
排水路
地表が乾燥しハンノキが育ち始める
地下水位
【C】
しばらくすると、乾燥した泥炭は
分解して地盤が沈下する
地盤沈下
ハンノキは根を深く延ばし生長を続ける
地下水位
【D】
地盤が沈下して、地下水位にすりつく
地盤沈下
地下水位
深い根が地上部を支え、根株が露出したハンノキが生長

図3　ハンノキの生長と地下水、地盤高の関係模式図

【D】地盤が低下することで相対的な意味で地表付近に地下水位が上昇するが、ハンノキは深い根が地上部を支えるため、根株が地上部に顔を出す。それにより呼吸を妨げず生長し続けることができる。

今回は、周辺の状況をもとに診断したものだが、今後は、湿原内に排水路を掘って、生長に伴う変化を長期間観察するなど、地道な検証が必要だ。

これによって、ヨシと同じ環境で、根株露出・高木型ハンノキという特殊なハンノキが成り立つことが立証されれば、ヨシとハンノキを分けて対処することも可能になる。

なぜ、湿原全体にハンノキが増えたのか

釧路湿原全体のハンノキの増加の原因も「根株露出・高木型ハンノキ」の増殖と同じではないだろうか。

そこでハンノキが繁茂するこの現象を「流路転移症が引き起こしたハンノキ林」と名づけ、そこに潜む病気（湿原全体のハンノキ増加）のメカニズムを解いていこう。

流路とは湿原内にできた〝水の道〟のことをいい、「流路転移症」とは、この水みちがあちこちに移動するたびに元気なハンノキ林がその周りに増える奇妙な現象をいう。

私が流路転移に気づいたのは、昔と最近の湿原の航空写真を見比べていたときだ。湿原内に干上がった流路が増えており、その周りにハンノキ林ができていたのだ。

ではなぜ、湿原内に干上がった流路が自然の力でできるのか一緒に考えてみよう（図4）。

【A】昔は、湿原の上流に氾濫原や森林があり、雨が降っても湿原にはさほど大きな出水がなかった。

【B】今は、農地整備や市街化が進み、湿原流入部まで堤防で囲まれた大きな川が整備されたため、雨が降ると一気に湿原に水が押し寄せることになる。湿原内の川は、曲がりくねって狭く、少ししか流せない。押し寄せる水は、湿原内であふれ、低みに溝を削り自然に流路を作る。

【C】雨が上がると、元の川にだけ水が流れ、湿原内に干上がった流路ができる。（ここで排水路の例を思い出してほしい）地下水位が低下すると一時期乾燥化し、ハンノキの生長にスイッチが入る。

これらの流路は人工の排水路と比べると小さく、地下水位低下の範囲や規模も小さい。ハンノキの生長量や範囲もそれほど大きくなく、根株も若干盛り上がっている程度なので、根株露出症とはわかりづらい。

しかも、出水を経験するにしたがって、湿原流入部に土砂がたまり、川の周りの地形が

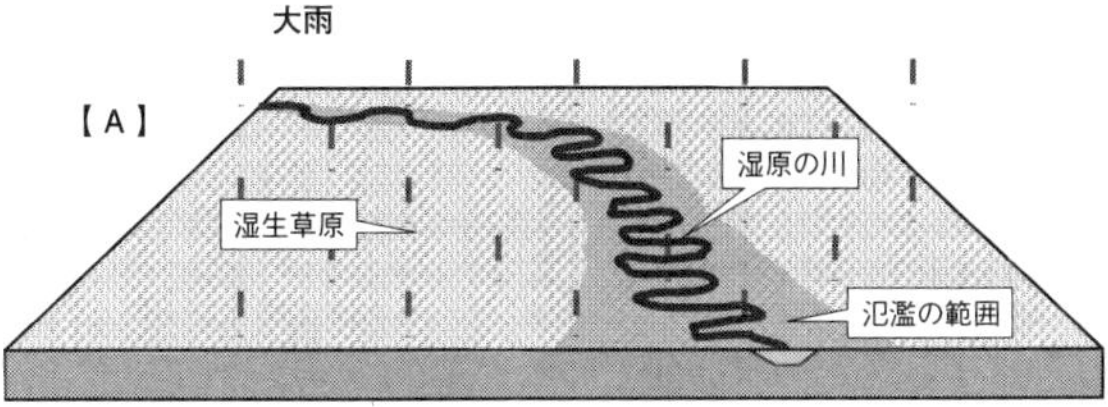

［昔の状態］雨が降っても湿原にはさほど大きな出水はなかった

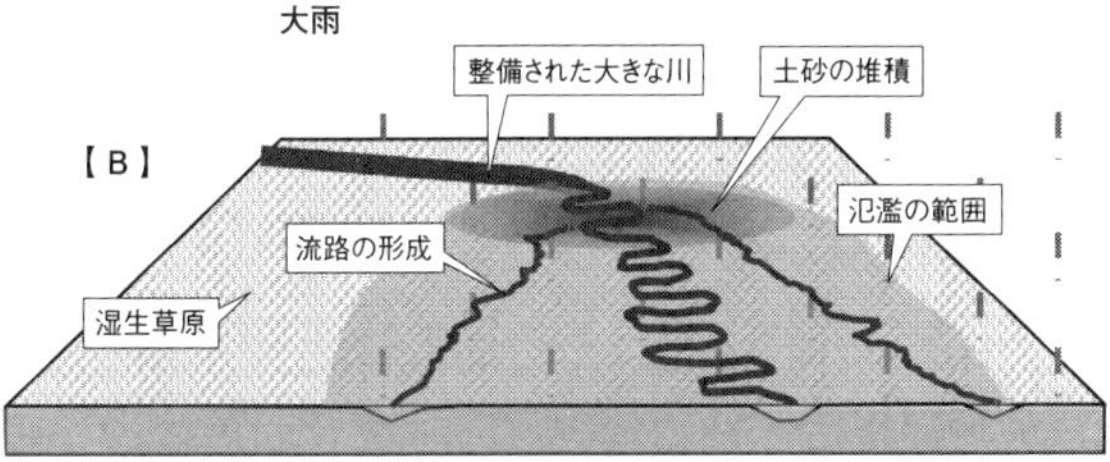

［今の状態］
大きな川の末端で水があふれ、湿原の低みに溝を削り流路ができる

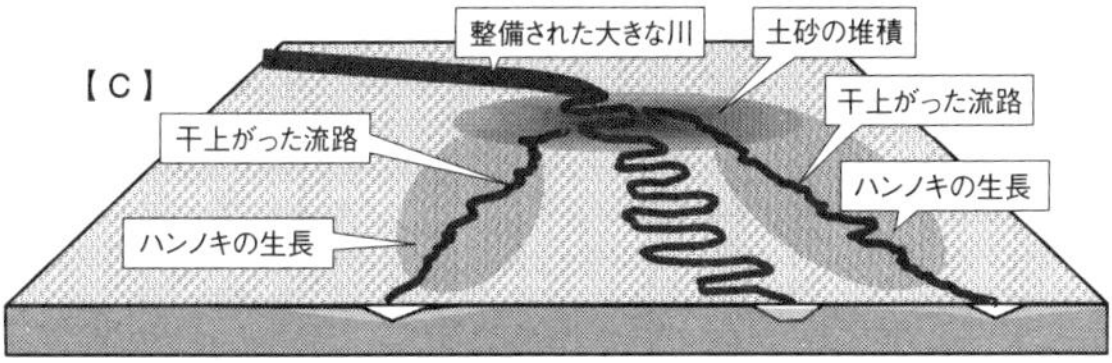

［雨が上がった状態］
元の川にだけ水が流れ、干上がった流路の周辺にハンノキが生長する

図4　湿原内に増える流路とハンノキの関係模式図

変わり流路のルートが変化するので、ハンノキ林の分布範囲がゲリラ的に拡大することになるのだ。

「流路転移症が引き起こしたハンノキ林の増加」とはこのことである。つまり、出水で湿原内に流路が削られた後、干上がった流路で乾燥化が進み、ハンノキ生育のスイッチが入り、やがて泥炭が分解して沈下し、相対的な意味で地表付近に地下水位が戻った後に、根株が盛り上がったハンノキだけが生育を続けることになるのだ。

ハンノキは切るべきか

さて、すでに生長した「根株露出型ハンノキ」は処置すべきであろうか。この型のハンノキ林は伐採すれば、枯れてヨシ原に戻るはずである。とりあえず、農業排水路や人工的に掘った川の周辺など、拡大が落ち着いた範囲について、伐採すべきか否か、考え方は3種類ある。

①放置し自然に任せる案：伐採するのは費用がかかるし、一世代限りであれば（枯死せず萌芽再生し低木に移行するかもしれないが）、今ある生命を奪う必要はない。放置すべきである。１００年も経てば枯れるのでじっくりヨシ原に戻るのを待つ。

②全面伐採案：地盤沈下した段階で、すでにヨシの生育環境に戻っており、流路が原因でできたハンノキ林なので、見つけ次第、積極的に伐採し、速やかにヨシ草原に復元すべきである。

③地域限定伐採案：釧路湿原再生に向けたさまざまな自然再生事業が行われており、湿原再生事業では、排水路の埋め戻しなどを計画しているが、その対象範囲のハンノキ林に限り、地下水位が復元した効果を明確に示す意味から、伐採すべきである。

「むやみに自然に介入すべきでない」と慎重に考える人は、「放置し自然に任せる案」となるが、私は「地域限定の伐採案」を選ぶ。

さらに、放置しているうちに、ハンノキ林が増えてタンチョウの生息域が減ることを踏まえると、タンチョウの生息に配慮して伐採範囲を増やすことも必要だと思う。

根治治療の難しさ

元の湿原に戻すには、増えたハンノキをどうにかして減らし、減ったヨシ原を増やすべきであろう。では、ハンノキを拡大させ続けている湿原の流路転移症を根治させるにはどうすればよいのだろう。

昔は、湿原に河川が流入する前にすでに氾濫し、出水を拡散させて、湿原への負担を軽減していた。現在は、農地利用が湿原縁辺部まで進んでおり、昔のように自由に氾濫しながら、湿原への負担を軽減してくれるはずの緩衝地帯（バッファーゾーン）が用意されていない。本来なら、湿原に流入する前に緩衝地帯を設定したいところだが、土地利用が迫っている。

人間が自然に手を入れてこのような病気が発症した（変化が生じた）のだから、人間がきちんと世話をしなくてはいけない。都市計画によって工場地帯と住宅街の間に緑地を整備したり、世界遺産登録には、その周りに管理区域を確保することが条件となっているように、湿原の周辺に緩衝地帯を設定して人間活動の影響などが直接湿原核心部に及ばないようにすることが重要だ。

21世紀は、人間活動と自然環境が共存できる社会を求めたい。今後は、利用区域と保全区域の境界を設けるだけでなく、人間活動が引き起こす影響範囲の緩衝地帯も見込んだ対策を盛り込むべきであろう。人間活動が引き起こす影響の緩和策として、湿原周辺部で、近接する農地を地上げするなど、洪水氾濫や土砂堆積を許容できる空間の確保を見込んだ対策を盛り込むべきであろう。

今回は、湖と湿原を例にして、自然を相手にした病気治療の難しさを考えてみた。ともに、長い年月をかけてゆっくりと変化していく自然に対し、人間社会の活動が急激な変化を引き起こしていた。

私たち川のお医者さんは、病気の原因や、守るべき本来の自然の姿、これらを踏まえた治療のあり方などを診断し、提案することを務めと考える。私の提言も、市民の理解と意思により具現化するものである。各自が住む各々の環境を自らの問題として捉え、判断する一助となれば、川のお医者さんとしては嬉しい限りである。

［参考文献］ 金井紀暁、矢部和夫、金子正美『空中写真判読による１９７５年と２００９年の間に起こったウトナイ湖とその周辺地域の植生変動の解析』札幌市立大学 Journal of Design & Nursing Vol.5, No.1、２０１１年／長谷川裕史、長谷川覚也、竹村健『地下水流動解析を含むウトナイ湖水拡散モデルについて』Civil Engineering Consultant Vol.221、２００３年10月／堀岡和晃、傳甫潤也『釧路湿原におけるハンノキ林の拡大に関する仮説の提案』応用生態工学会第14回研究発表会、２０１０年９月／新庄久志『釧路湿原のハンノキ』北方林業37、１９８５年

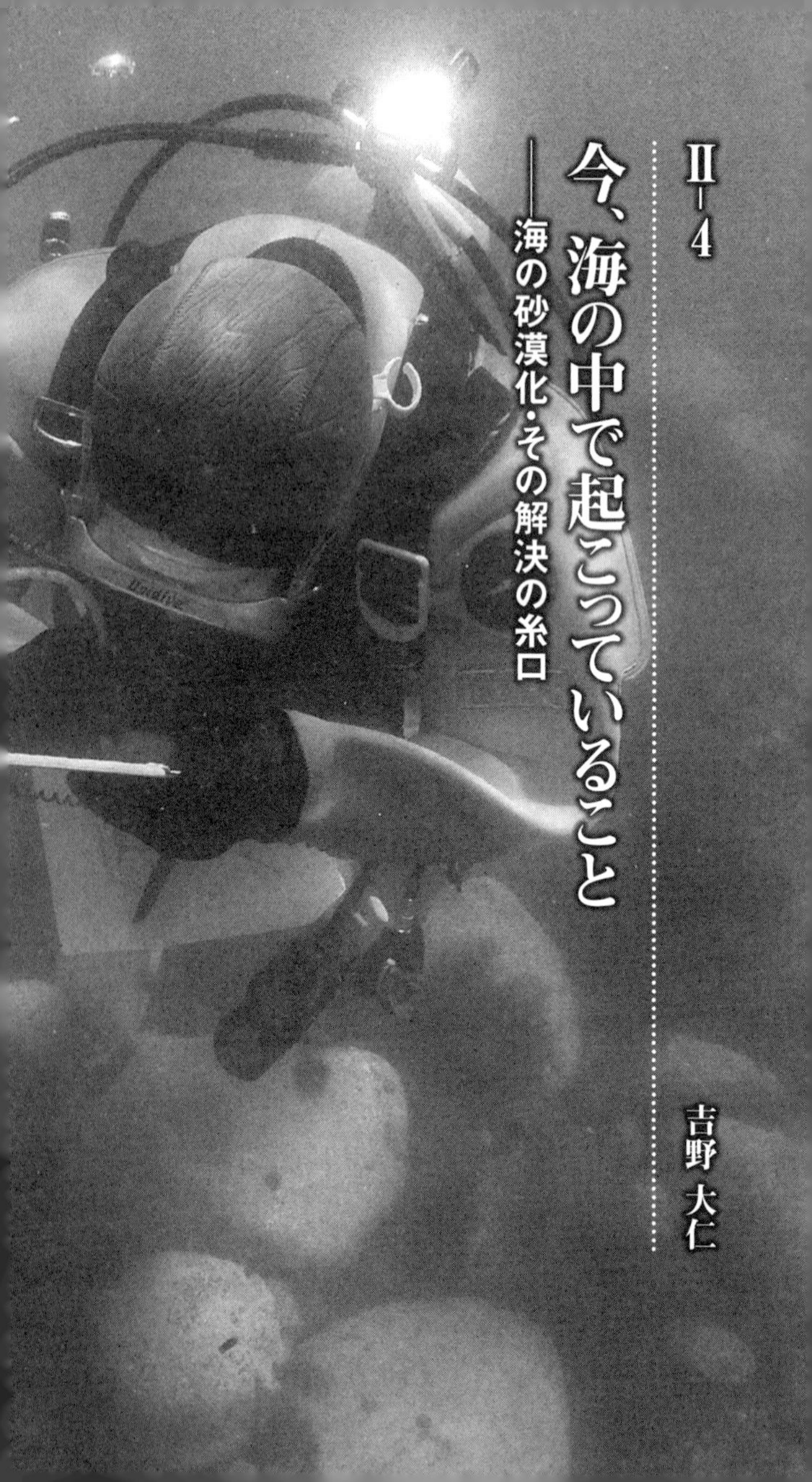

Ⅱ-4 今、海の中で起こっていること

――海の砂漠化・その解決の糸口

吉野 大仁

今から45年ほど前、
我が家の夏の恒例行事は、積丹の海へ海水浴に行くことだった。
札樽自動車道などない時代、国道5号線を1時間かけて小樽まで行き、
そして塩谷から蘭島を越えて美国に着く頃には車の数も少なくなり、
砂利道を走り、目的地である積丹町野塚を目指したのである。
車を止めて国道から海に降りられる場所を探し、
岩場の海に潜るとそこにはコンブやワカメなどの海藻とたくさんのウニ、
そしてよく目を凝らすとアワビもいた。
そんな豊かな大きな海が広がっていたのだが、
いま、この海が「磯焼け」に見舞われて海藻が一本も生えない海の砂漠となっている。

写真1　潜水調査で磯焼けの海に潜る

赤潮の原因

入社後8年たった昭和62年（1987年）のある日のこと。

「吉野君、赤潮（植物プランクトンが異常に増殖することによる海水の変色現象）の原因がわかったよ」

ススキノのとある居酒屋で久しぶりに恩師の松永勝彦先生とお会いしたときの会話である。

「播磨灘の水質を分析していて気づいたのだが、赤潮の発生には鉄イオンが関与している。いくら富栄養になって窒素やリンがたくさんあっても鉄イオンが存在しなければ赤潮は起きないんだよ」と教えていただいた。

そこで、私が「それじゃ、反対に貧栄養の海に鉄を入れればプランクトンを発生させることができるのですか」と尋ねると「そうだよ」とおっしゃる。

「それじゃ、磯焼けの海（写真2）に鉄を入れて磯焼けを解消しましょう」

こうして、先生の活動が始まった。

松永先生との出会いは、私が昭和53年4月に北大水産学部・海洋化学講座に入ったときである。

写真2　磯焼けとなった海

4年生になった私は、練習船に乗って海にサンプリングに行けるという理由でこの講座を希望し、その望み通りに6月に水産学部の練習船「北星丸（平成14年に廃船）」でオホーツク海へ、その後も8月には播磨灘へ、そして10月には大阪湾へとサンプリングに出かけた。

幸いなことに船酔いすることもなく、船の上ではよく働き、先生には重宝がられる存在であったと思う。

海の砂漠 ――磯焼け

海藻学の権威である遠藤吉三郎北海道帝大教授（1874～1921）は、「ある特別な沿岸の一地域を限って、そこに産する海藻の全部または一部が枯死して不毛となり、有用海藻はもちろん、これを餌とするアワビ、磯付き魚などの収穫を減じ、あるいはこれを失い、そのため漁村が疲弊すること」を「磯焼け」と定義した。

このように、海藻の生い茂っていた岩場で、海藻が消滅し、それに替わって「石灰藻」に占領され、海底が白っぽくなってしまう現象を磯焼けという。石灰藻とは、カルシウムを含むきわめて硬い藻の総称で、「無節サンゴモ（紅藻サンゴモ目）」のことを指す。無節サンゴモの種類の中で、「紅藻類サンゴモ科エゾイシゴロモ」という種類が北海道では多く見られる。

石灰藻は、一見、石のように見えるが、光合成も行う立派な植物である。これが広

写真3　磯焼けのない海

写真4　エゾイシゴロモ

がると、ワカメやコンブなどの海藻が育たなくなってしまう。

写真3は磯焼けのない健康な海で、海藻が生い茂っている。このように海藻類の生い茂った海底を「藻場《もば》」といい、海の生物にとっては貴重な産卵、生息場所になっている。

一方、写真2は磯焼けの海底である。海藻はまったく見当たらず、ウニやヒトデだけが生息している。この磯焼けの正体が写真4にある無節サンゴモの一種であるエゾイシゴロモだ。

ウニやヒトデは雑食で何でも食べる。磯焼けした海では、このエゾイシゴロモを食べて生きているのだが、そのウニを割ってみても、オレンジ色の身はなく、茶褐色の身が少し入っているだけ。まったく商品にはならないのである。

どうして磯焼けが起こるのか。北海道で磯焼けが確認されてから40年以上が経過しているにもかかわらず、いまだに発生原因は究明されていない。

諸説があるが、海象の異変や栄養塩不足といった「環境説」とウニやアワビなど藻食動物による「食害説」に分けられる。しかも、その中でもさらに諸説がある。現在では環境説と食害説が相互に複雑に重なり合って発生しているものと考えられている。

磯焼けの原因を探るため、海の中を覗いてみよう。

磯焼けの原因

人間の血液の成分と海水の成分とはよく似ている。このことは生命が海から誕生したことを証明しているとされる。

人間の体内に含まれる重金属の中で最も多いのが鉄。これは生命が誕生したとき、海水中で最も濃度の高い元素が鉄だったことを示している。

鉄は人間にとって必要不可欠な成分だが、海の植物にとっても欠かせない成分である。

海水中では植物プランクトン（光合成により水中の無機栄養塩類から有機物を合成する

浮遊生物の総称）や海藻を増やさなければ、魚介類は増えることができない（図1）。

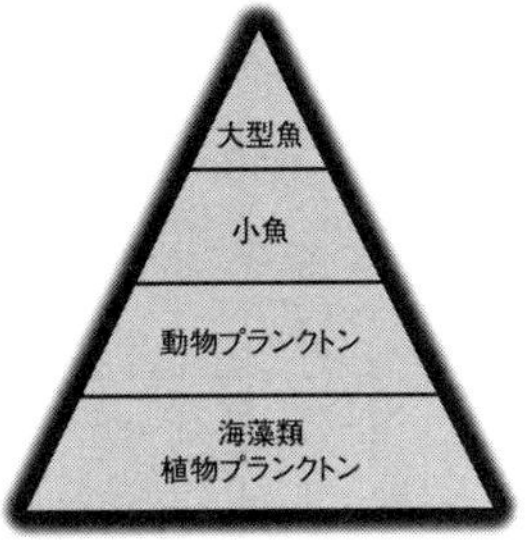

図1　海の食物連鎖

基本的には二酸化炭素と水と太陽光があれば植物プランクトンや海藻は生長するが、その他に窒素とリンとケイ素などの栄養が必要で、これらを「栄養塩」（海藻の栄養となる海水中に溶けた、珪酸塩・リン酸塩（リン）・硝酸塩・亜硝酸塩・アンモニウム塩（窒素）など）と呼ぶ。

鉄が植物にとって不可欠な成分である理由は、栄養塩のなかでも窒素を含む硝酸塩を体内に取り込む場合に、先に鉄を取り込まなければならないからである。

窒素は、酸素と結びついて硝酸イオンをつくった状態が一番安定している。このため、植物が〝体内〟に窒素を取り込むときの窒素の化学形態は大部分が硝酸イオンとなっている。

しかし、たんぱく質などを合成するときには、硝酸イオンのままでは利用できず、アミノ基に還元する必要がある。この還元作用に鉄が関与している。どのように関与しているのかはまだはっきりとわかっていないが、鉄がないと窒素も、またリンも〝体内〟に取り込めないのである。

植物プランクトンの発生と鉄イオン

海の植物は鉄をどのように取り込んでいるのだろうか。

陸上の樹木は根から水分や栄養素を吸収し、葉から二酸化炭素を取り込んでいる。一方、コンブなどの海藻の根は単に体を支えるだけで、10マイクロメートル（1マイクロメートルは1メートルの100万分の1）程度の細胞膜を通して直接海水中の栄養素を取り込んでいる。海水中では、鉄以外の元素や化合物はすべて水に溶けたイオンとなっており、イオンは細胞膜を容易に通過できるのである。

ところが、水中の鉄の大部分は細胞膜を通過できない大きな粒子状となって存在している。鉄は酸化すると赤サビを生じるが、赤サビは鉄粒子の塊であり、水に鉄の包丁を浸しておくと赤サビはどんどん拡大していく。これは、鉄が水中で粒子として存在している証拠である。もっとも海水中には極微量の鉄イオンが存在する。このイオンを海の植物は取り込んでいるのだが、これだけでは十分な量とはいえない。

この不足する海中の鉄イオンの供給源が山にあった。

森の中で林床に落ちた枯れ葉などは微生物によって分解され、これらが風化され、微細粒子となった鉱物と混合して腐食土層がつくられる。腐食土層では、枯れ葉などの分解で

広葉樹林の腐植土が鉄分を
水に溶けやすい形に変える
リン・鉄などの
栄養分が川から
供給される
植物プランクトン
動物プランクトン
コンブなどの海藻
カキなど
魚
食物連鎖

図2　森と海のつながり

酸素が消費され、部分的に無酸素部位ができる。酸素のない状況ではイオンとして鉄は存在する。

一方、枯れ葉などが完全に分解されてしまうと二酸化炭素と水になるが、通常はバクテリアが分解しきれない有機物が残り、化学的、微生物的に変化を受けた腐食物質が生成される。

腐食物質は水に溶けるフルボ酸と水に溶けないフミン酸に分けられる。フルボ酸には、鉄など多くの金属を結びつける機能がある。

無酸素部分で生成した鉄イオンがこのフルボ酸と結合するのである。

鉄イオンは河川に入ると空気（酸素）と触れることになり鉄粒子に変わるが、フルボ酸と結合したフルボ酸鉄は極めて安定しているため、鉄粒子に変わることなく鉄イオンの形で海に到達する。そして、植物プランクトン・海藻類が硝酸塩を取り込むのを助け、成長を促すのである。

山の中で生成される腐植土層は魚を増やすためには必要不可欠なものであり、近年漁師の人々が山に木を植えるのはこうした理由もあるのだ。

磯焼け原因を巡る大論争

磯焼けの原因をさぐる暗中模索の中で、平成になってから行政は、試験研究機関の実験結果より「ウニによる食害が磯焼けの原因である」との見解を発表した。

岩に付いたコンブなどの胞子が成長し始めるとすぐにウニがそれを食べてしまう。そのためコンブなどの海藻が生育できず、代わりに磯焼けの正体であるエゾイシゴロモが繁茂する、という説である。

行政側は、ある海域で人為的にウニを除去した区域とそうでない区域をつくり「除去した区域にはコンブが生育した」という実証実験の結果をもとにこの食害説を強く支持した。

写真5　松永先生の著書

この理論に異議を唱えたのが、松永先生であった。

先生は瀬戸内海の赤潮の研究で得た成果をもとに、栄養塩がいくら豊富であっても鉄イオンが存在しなければ赤潮は発生しないこと、逆にいえば、赤潮もプランクトンであるから、植物プランクトン・海藻類も栄養塩と鉄イオンがなければ増えることができないことを検証した。

つまり、海に流れこむ鉄イオンの不足が磯焼けの原因であると主張したのだ。これが後に「松永理論」と呼ばれるようになる。

山の木を切ると海が痩せ漁獲量が落ちることを経験的に知っている漁師から、松永理論を擁護する意見が上がり、漁師やその奥さんたちが山に木を植えるようになったのである。

さらに、松永理論が報道で大きく報じられると、行政側も徐々に「ウニの食害や鉄イオンの関与など複数の理由により」というようになっていった。

磯焼け解決の道

コンブは亜寒帯に生息する海藻で、日本での生育地域は北海道と青森県、岩手県である。

コンブの生育は冬から春にかけての海水温に大きく左右される。この時期の海水温が低ければ低いほどその年のコンブの収量はよいとされており、幼芽が大きく成長するコンブにとっては一番大切な時期である。

一方、この時期のウニは海水温が低いためにほとんど冬眠状態であり、餌もとらない。

やがて春が来て、海水温の上昇に伴ってウニの食欲が旺盛になってきた頃には、コンブは少々ウニに食べられてもダメージが少ない大きさにまで育っている。

しかし、近年の温暖化によって冬期の海水温が十分に低くならないため、コンブの成長は思わしくない。その一方で水温が高いのでウニの活動は活発。お腹が空くのでコンブの幼芽を食べ尽くしてしまい、海藻類が育たないのである。

表1は平成17年から23年の小平町臼谷漁港内の海水温である。平成18年2月の水温が最も低く1・3℃であったのに対し、異常な猛暑を経た平成23年2月の水温は4・0℃。実に2・7℃も差がある。

こうしてみると、確かにウニの食害や地球温暖化も大きな原因のひとつと考えなければならないのかもしれない。

浅海で海藻が生い茂っているところを「藻場」という。

藻場は魚の隠れ家、えさ場となるばかりでなく、多くの魚が海藻に卵を産み付ける重要な産卵場所になっている。この藻場は種の多様性を確保するためにも重要な海の施設といえる。

年月日	平成17年 2月27日	平成18年 2月20日	平成19年 2月19日	平成22年 2月19日	平成23年 2月28日
海水温	2.0℃	1.3℃	2.1℃	3.3℃	4.0℃

表1　小平町臼谷漁港内の海水温

写真6　磯焼け調査の様子（2月・小平町沖）

藻場に生育する海藻類や植物プランクトンは海の食物連鎖の最下位に位置しており、これらが増えなければその上位に位置する動物プランクトンや小魚、大型魚は増えることができない。

このように海の生態系を支える植物プランクトンや海藻類は、栄養塩と鉄イオンを海から取り込むことで生育するが、それらが少ない日本海のような海域ではこれらを人工的に補給する必要がある。海のことを考えると、ウニの食害防止と栄養塩、鉄イオンの供給を同じ土俵の上で実践していくことが重要なのである。

海の仕事に携わる者として、磯焼けの解消は大きなテーマである。かつてのようにコンブの繁茂する海底にウニが山のように積み重なっている海底に潜ってみたいと願っている。

　磯焼けの解消になるならばと松永先生の鞄持ちとなって漁業協同組合での講演をセットしたり、鉄のメーカーに海藻のための増殖礁（魚介類の繁殖と生活のために人為的に海中に設置される鉄製あるいはコンクリート製の人工物）の試作品を作ってもらったりしてきた。

　この松永理論だけでは磯焼けを解消することはできないかもしれない。しかし、この理論を発表したことで行政、試験研究機関に大きな一石を投じることとなり、磯焼けの原因を多方面から研究するきっかけになったのは確かである。

写真7　コンブを食べるウニ

しかし、依然として磯焼けは続いている。理論武装するよりはいろいろな意見に耳を貸し、また、今後の地球温暖化を見据えながらコンブとウニが共存できる豊かな海を回復したいと願っている。

［参考文献］　松永勝彦『森が消えれば海も死ぬ』（ブルーバックス）講談社、1993年

Ⅲ

ものづくりの理念、まちづくりの視点を再発見する

1 札幌コンサートホールの設計――Kitara誕生秘話　木下 孝

2 さかなと暮らす農業を求めて　田中 宏征

3 技術士の挑戦――科学技術で明日を拓く　斉藤 有司

Ⅲ-1 札幌コンサートホールの設計
──Kitara誕生秘話

木下 孝

平成4年（1992年）10月、
私はドイツ・ベルリンの「ベルリンフィルハーモニーホール」にいた。
翌年早々、札幌市ではコンサートホールの
設計者を決める設計コンペを行う予定となっていた。
これに参加することになった私は、
世界最高といわれるこのホールをぜひとも見たかったのだ。
札幌市の新しいコンサートホールも
同じ形状のホールの実現をめざしていた。

建物を利用する人たちが幸福な気持ちになり、
体験したことのない感動を覚える建築物を
設計したくてこの道に入った私にとって、
劇場建築は特別な建築だった。
ドーコン入社十数年、
ついに劇場建築の
設計に携われる
機会がめぐってきたのだった。

写真1　札幌コンサートホール外観・エントランス

札幌フレームグリッドの発見

設計コンペでは、２０００席の大ホールと５００席の小ホールを中心とした施設で、大小ホールともクラシック音楽専用のコンサートホールとしての使用を想定していた。大ホールは、ステージの周りにも客席を配置したアリーナ型のステージ形式を採用することになっていた。

札幌コンサートホールの敷地は、札幌市中央区中島公園内の旧遊園地跡地となっていた。コンペの提案書を作成するに当たって、計画地の場所の固有性を見い出すために私たちはここの歴史を調べた。大正時代の札幌市の古地図を眺めていると、敷地となっている周辺で、札幌の中心街区を構成する碁盤目状のグリッドがなくなっていることに気づいたのだ。札幌には道庁を中心に街区を構成する札幌軸と、山鼻地区の街区を構成する屯田軸の２つのグリッドがある。この２つのグリッドを建設予定地まで延長し、建物配置の基礎となるフレームとした。

大ホールは、このグリッドに沿って配置した。このため、結果的にはホールの外形は、ドイツ・ゲヴァントハウスコンサートホールのような楔型《くさびがた》の形状となった。

ゲヴァントハウスのホールは、昭和56年（１９８１年）に建築家ルドルフ・シュコダ

写真2　札幌軸と屯田軸に置かれた札幌コンサートホール Kitara

によって再建されたヴィンヤード型（客席がブドウの段々畑のようにブロックに分割されている形状）のホールである。もっとも、ここの客席のブロックやホールの形状は、直線的で機械的なデザインだったが、札幌コンサートホールでは、ホール形状を札幌の丘陵地をモチーフとしたため、曲面を多用した有機的なデザインとした。

札幌軸と屯田軸を延長したグリッドシステムは、エントランスポーチ、中庭の床の石のストライプ状のラインや、さらに1階外壁のボーダーにその痕跡を残している。大ホール2階のロビー空間や廊下から下を覗くとその状況がよくわかると思う。

このほか、コンペでは、公園との連続性を意図した円弧状の透明なコンコースを設け、観客をそれぞれの箇所に誘導すること、さらに大・小ホールは中庭を挟んで分離した配置とし、音響的処理に適した空間構成をつくりだすことなどをアピールした。

平成5年（1993年）3月にコンペの発表があり、参加6社の中から、私たちの案が当選した。

特に評価されたのは、演奏者のための出入り口や自然採光のある楽屋と舞台との間の連携、管理関係諸室を全館の要の位置に配置し、館の利用計画上の配慮がなされていることなどである。

学生時代からの夢が現実になる。私は、大きな感動と同時に、最高のコンサートホールを設計しなければならないという強い使命感を抱いた。

その後私たちは、コンサートホールのオープニングまでの4年間、基本・実施設計と工事監理を行うことになったのだ。

ホールデザインの要

ベルリンフィルハーモニーホールから学んだ最も重要なこと、それは3階席に立ち、ホールを俯瞰して発見したのだが、ホールデザインの要は、客席のブロッキング（区画割り）

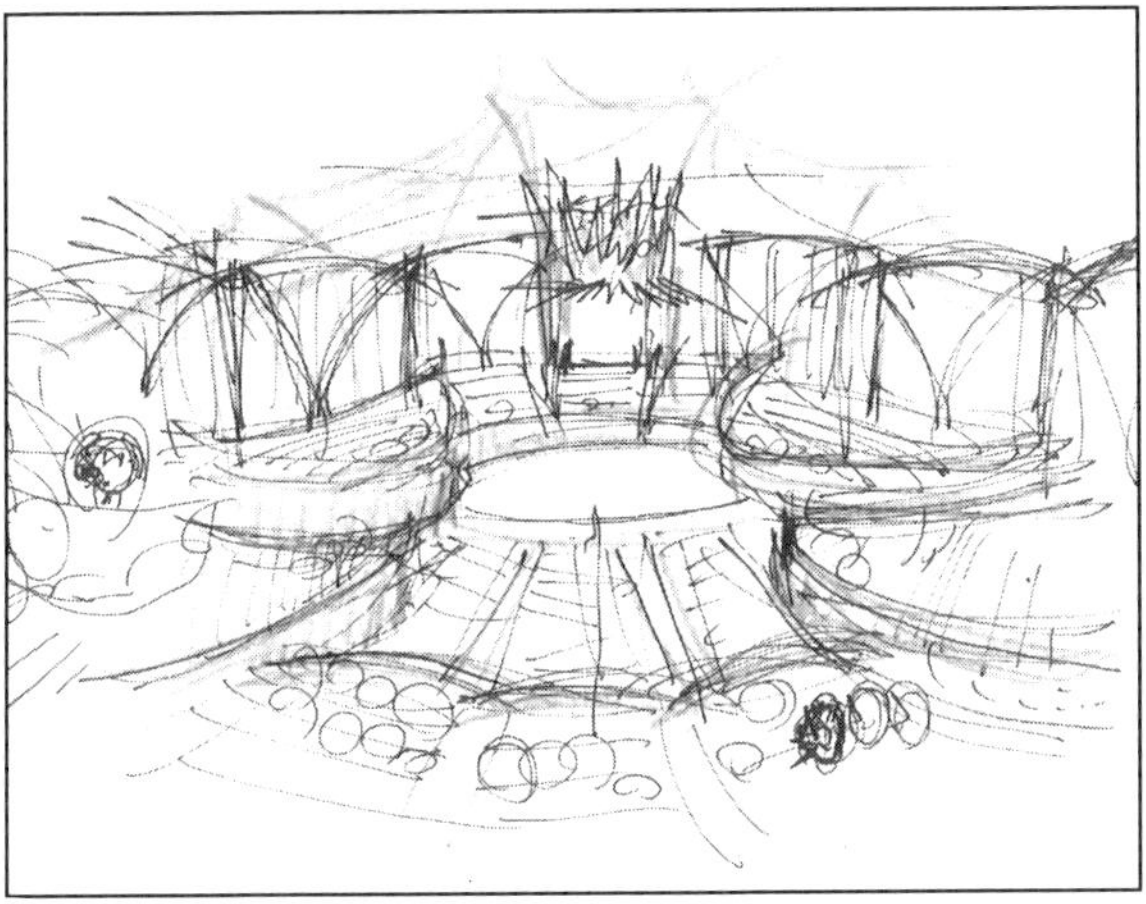

図1（上）、写真3（下）
筆者のデザインスケッチ。大ホールは札幌の大地そのものを表現しようとした

と客席レイアウトであり、天井や側壁のデザインは付属的なものであるということだった。

コンサートホールの設計に入った私たちは、大ホールで2000席を確保することを目標に、どの客席からもステージへの視認性がよいデザインを追求した。

大ホールのデザインイメージは、札幌の大地そのものを表現しようとするとともに、ステージにすべての意識が集中するヴィンヤード型ホールの特徴を活かした、中心性の強い造形の実現をめざした。またステージから客席を見たときのデザインにも着目し、「人の壁」がステージを取り囲むような重厚で躍動感あるデザインをどうすれば実現できるかということも主要な検討テーマとした。

検討には1/100スケールの模型を作成し、モデルスコープの画像をモニターに映し、できるだけ実際の視覚に近い状況で確認する手法を用いた。1タイプの模型をつくるのに1週間かかる。それを2か月の間、さまざまな模型をつくり、スコープを這わせることで、ようやく客席形状が整理できた。

客席椅子のデザインは札幌在住の家具作家の高橋三太郎さんと一緒に設計した。満席時と空席時の残響時間の差を少なくするために、背のマット部分をできるだけ大きくし、空席時に正面を向くことになる座裏部分には吸音仕上げを施すことにした。

客席椅子の背板は、客席部の床勾配に合わせて、ローバック、ハイバックの2種類の高さがある。客席椅子の前後間隔は95㎝で横幅は52～56㎝。客席が放射状にレイアウトされており、縦通路間に配置される椅子の幅を変えて配置しているため、客席幅は数種類ある。ちなみに幅が一番広い56㎝の椅子は、3階席後壁近くにある。

北海道を表現する

大ホールの壁や客席椅子の背板には道産真樺材を採用した。真樺材とはカバノキ科シラカンバ属の落葉広葉樹で、本州中部以北に分布し、多くは北海道に自生する樹種である。国内のコンサートホールの仕上げはナラ材がほとんど。ナラは樹径が大きく、材料を入手するのが容易だからだ。それを選ばず道産真樺材を選んだのは、北海道に立地するホールを北海道の会社が設計するという地元の強みを活かし、他社ではできないことを実現したかったからだ。

赤みの濃い真樺は、希少になってきており、近年、入手が難しくなっている。それでも、木目のきれいな材料を根気よく選別して使うことにした。特に客席からオルガンに向かっての視点を大切に考え、オルガンから左右対称に木目が揃うように、板目の真樺材を選んで順番に用いた。

写真4　仏アルフレッド・ケルン社製作パイプオルガンの設置作業

大ホールの正面に立つ壮麗なオルガンは、フランス・ストラスブールのアルフレッド・ケルン社が札幌コンサートホールのために2年の歳月をかけて製作したものだ。

当初、ケルン社から提出されたオルガンデザインには3種類のスケッチがあった。さっそくこれをもとに模型を製作し、ホールデザインと調和する現在のデザインを採用した。

オルガン正面のパイプ上部にある三角形状の木片はギッターと呼ばれるものだが、これはケルン社の当初スケッチにはなく、私たちが付け加えたものだ。音響的にも効果的で、かつ真冬のスノーダストをイメージする透明感と緊張感のあるデザインになると考え、設置を札幌市にお願いした（写真4）。

なお、後にＫｉｔａｒａと名付けられたこ

のホールのホームページでは、オルガンデザインのコンセプトを「北海道の針葉樹林をモチーフとしたデザインがほどこされ、凛とした美しさをたたえています」と紹介している。

設計パートナー

コンサートホールの設計は、音響設計を専門とする事務所との協働作業となる。このプロジェクトで私たちのパートナーとなったのは永田音響設計だった。ここはサントリーホールの音響設計を行ったことで知られ、今では世界各地でコンサートホールの音響設計を手がけている。永田音響設計とは、何度も徹底的に議論した。

実は、ベルリンフィルハーモニーホールの見学に先立ち、私たちはサントリーホールを訪れていた。敷地の限られていたサントリーホールは、1階席の上部にバルコニー席が重なる構造となっている。バルコニー下の客席は圧迫感があり、一次反射音が届きにくく音響的にも不利なゾーンとなっている。サントリーホールの後に造られる札幌コンサートホールは、これらの課題をすべて解決したものが求められる。当時まだ数少ない、ヴィンヤード型コンサートホールの音響設計の経験のある永田音響設計をパートナーとして、仕事を進めることにした。

平成5年9月、実施設計で客席形状がほぼ決まった時点で、永田音響設計よりこれまでの検討がすべて白紙となる要求が出された。

なんと、客席の手摺《てすり》壁を内倒しにして傾斜をつけたいというのである。これを行うためには、客席通路の配置を含め、客席形状の検討を最初からやり直す必要があったのだ。

コンサートホールの音響設計での最大の課題は響きの設計である。なかでも、残響時間と初期反射音のコントロールが音響設計の核となっている。残響時間とは、風呂場で大きな声を出して耳を澄ませば、わずかな間だけ声が残る。この余韻が残響であり、余韻が小さくなって聞こえなくなるまでの時間が残響時間である。

残響時間はホール固有のもので、広さ、壁や天井の材質によって決まる。同じ部屋ならばピアノを弾いてもヴァイオリンを弾いても、残響時間は同じとなる。札幌コンサートホールの残響時間は空席時にコンサートホールの理想に近い2・2秒となっている。

残響時間と並んで、音響設計では初期反射音の空間分布が重要な検討項目となる。大型ホールでハリのある響き―近接感―はこの初期反射音によって創り出されるのだ。

ところが初期反射音は、大型ホールのように天井が高いほど設計が難しくなる。初期反射音については、設計の初期の段階からコンピューターで反射音を追跡し、客席に到達する反射音の分布を観測しながら、反射面の配置、傾きなどを検討した。その結果、遠い天

写真5　理想的な音響を求めて天井に設置された巨大な反射板

井まで音が行く前に反射させようと、吊り下げ反射板やバルコニー席側壁からの反射の利用などさまざまな工夫が行われた。

　例えばステージ上部には、オーケストラから発した音をホール全体に拡散させるため、全体幅17m、総重量28トンの巨大な音響反射板が天井から吊り下げられている(写真5)。コンサートホールの音響反射板は、細分化したアクリル板などがほとんどだ。

　本来音響反射板として機能するためには、材料自体の大きな質量が必要となる。このため、札幌コンサートホールでは、厚さ10㎜の特殊石膏ボードを4枚張りした反射板を5ピースに分けて吊り下げ、ステージ上を覆っている。

　実施設計がほとんど終わろうという段階で、永田音響設計が客席の手摺壁に傾斜をつけたいと言い出したのは、初期反射音をできるだけ客席中央に戻すために必要な措置だったのだ。たとえ設計をやり直すことになっても、音がよくなる可能性に躊躇はない。

しかし、要求をそのまま取り入れると、客席最前列では手摺壁がステージに向かって倒れる形になるため、観客が恐怖心を持つことが予想された。そこでスケッチを描き、ダンボール紙で原寸大の模型をつくり、いろいろな角度の手摺壁を作成した。その結果、手摺壁には傾斜を持たせるものの、客席側に設置される手摺を垂直に設置することで、問題が解決されることがわかった。ステージに向かって内倒しとした客席手摺壁のデザインは、今となっては札幌コンサートホールを印象づける個性的なデザインとなっている。

写真6　客席最前列の手摺壁がステージに向かって内倒しになっている

模型実験による響きの確認

着工と同時に現場事務所横にプレハブ倉庫を建設し、塗装した厚めのベニヤ板で製作した音響実験用の1／10スケールのホール模型を設置した。内部の高さが2・3ｍにもなり、模型の中に入って、人が立てる大きさにもなる。障害となりそうなエコーの発見と原因の解消方法の検討や、既存ホールデータとの比較による音響状態の確認と検討のためだ。

当たり前のことだが1／10模型では、実験で用いる音の波長も1／10になる。すなわち実音場に比べて10倍高い周波数の音を使用すればよいはずだ。ところが実音場には空気吸収という現象があるためスケールを1／10にしても、音は1／10にならない。空気中の酸素分子と水分の相互作用で音が伝搬する間に高音域のエネルギーが吸収されるからだ。

これを避けるため、模型から酸素を追い出し、ほぼ窒素だけの状態をつくることができれば、実音場をシミュレートできる環境をつくることは可能である。

こうした音響実験により、何か所かでエコーの発生を確認でき、反射面の角度を変えたり、内壁の仕上面に凹凸を設けるなどの設計変更を行った。

「運命」の日

平成9年1月7日、建物の引渡しに先だって、札幌交響楽団の協力を得て音響テストのためのリハーサルが大ホールで行われた。当日の聴衆は、札幌市やPMF（Pacific Music Festival）関係者、設計・工事の関係者だけの総勢30人程度。寂しい演奏会だったが、私は、期待と緊張が入り乱れた気持ちで、ステージを見つめていた。

設計者としては、年間を通じた活動拠点を新ホールに移すことになる札響とは、設計、工事段階を通じて密に打合せを行った。ホール工事段階においても札響の練習所である札幌芸術の森アートホールにオーケストラ迫り（舞台上の昇降式ステージ）のモックアップを作り、詳細の寸法をオーケストラ側と詰めるとともに、事前に少しでも慣れてもらうべく努力した。オーケストラ迫りについては、ほとんど札響用といえるほどの綿密な設計を行っている。

そんな札響が当日演奏した曲は、なんとベートーベン交響曲第5番「運命」だった。よく知られているようにベートーベンの作品のテーマは「苦悩の後に歓喜あり」である。運命が扉を叩き、次第に美しい晴れやかな旋律が現れるのだが、このときの私には不安を増幅し続ける曲にしか聞こえなかった。第4楽章の演奏が終わった。私の客席の前に座って

写真7　実物の10分の1の大きさに作られた模型。観客の人形も設置されている

写真8　なによりもKitaraは、このステージに立つ演奏者から賞賛を受けた

いたＰＭＦプロデューサーが突然立ち上がった。そして「おめでとう」と握手をしてくれた。

最高のコンサートホールを設計するという、強い使命感に燃えて過ごした3年間の苦労が報われた瞬間だった。

平成13年1月26日、朝日新聞に、札幌コンサートホールは「温かい音色のする最も優れたホールだ」との記事が掲載された。

記事は、コンサートホールの計画を進めていたデンマーク放送局（コペンハーゲン）の調査委員会が札幌コンサートホールを視察し、音響のすばらしさを絶賛する報告書をまとめたことを知らせるものだった。放送局関係者や学識経験者らで組織された十数人の調査団は、札幌コンサートホールのほか、ドイツ・ベルリンフィルハーモニーホール、東京のサントリーホールなど欧米や日本の著名なホール約10か所を訪問し、コンサートを実際に聴いて調査をしたのである。そして札幌コンサートホールは、音響のよさや明朗さなど大半の項目でベルリンフィルハーモニーホールを上回り、「調査したホール中で最も優れている」と結んだ報告書の内容を紹介している。

平成16年にPMFの主席指揮者として札幌コンサートホールで演奏したロシアの指揮者ヴァレリー・ゲルギエフは、ホールの音響のすばらしさに感激し、「ホールを祖国に持って帰りたい」と発言したという。実際にゲルギエフは、将来札幌コンサートホールのようなホールを建設したいと図面を持ち帰った。

竣工からすでに15年を迎える。コンサートを聴きにKitaraを訪れると、設計当時の熱い情熱とさまざまな苦労が思い出され、建築家として純粋な気持ちになる。ホールは、使用する多くの指揮者や演奏家から高い評価を得ており、施設を管理する札幌市から、今後50年、竣工時の性能を維持するための長期修繕計画の依頼があった。建築は、多くの人がかかわることによって、生まれ成長する。今後も設計者として、建物が長く愛されるよう、見守っていきたいと思う。

Ⅲ-2 さかなと暮らす農業を求めて

田中 宏征

広大な北海道を代表する生きものの一つにイトウがいる。
全国の釣り人たちのあこがれともなっている「幻の魚」である。
一方、道東や道北の農村地帯を無数に流れる細い川。
その緩やかな流れにもイトウが棲んでいることを
知っている人がどれほどいるだろうか？
幼い頃からの釣り好きであり、
農業土木のコンサルタントエンジニアである筆者から見た
魚たちと農村とのかかわりについて紹介しよう。

写真1　整備後の排水路。魚たちが戻ってきた（撮影者：三沢勝也）

幻の魚イトウ

「わー冷たい!」
「おっ、今度の魚はデカイぞ」
「この魚は何を食べるの?」

川の中で子どもたちが嬉々として騒ぐ声が夏の青空に響いている。ここは北海道のとある町の農村地域。私はここで暮らす子どもたちに農村環境に親しんでもらうための「生きもの調査」を行っている。

タモ網を片手に川を右に左に走り回る子どもたち。子どもはもちろん、引率する大人の中でも、すぐ足元に「幻の魚イトウ」がいることを知る者はほとんどいない。まだ幼い幻の魚が、いま子どもたちが駆け回っている小川にも生息している。このことを知ったならば、子どもたちはどんなに驚くことだろう。

イトウは、大きいものでは1m以上にもなる日本最大の淡水魚である。かつては本州北部にも分布していたが、現在では北海道にしか生息していない。その大きさや獰猛《どうもう》さから数多くの伝説が言い伝えられ、巨大なイトウが鹿を丸呑みにして死に、それが川を堰き止めて湖になったという伝説があるほどだ。

写真2　安定した個体群を維持する猿払川の流れ。環境NGO、自治体、企業の協働による流域全体を通した保全活動が行われている

アイヌ民族はイトウを「チライ」や「オビラメ」と呼び、食用のほか皮を靴の材料として用いていた。過去には全道に広く分布していたものと推察されており、「チライ」と名の付いた川が道内各地にある。

また、雪解けとともに開花するフクジュソウは、アイヌ語で「チライ・アパッポ（イトウの花）」と呼ばれるが、早春に真っ赤な婚姻色を身にまとったイトウが山間の源流部に遡上してくることを知らせる合図だったのかもしれない。

1m近い赤い魚が、川幅数mの源流部に遡上する光景を間近に観察できるフィールドは世界でも北海道ぐらいである。

道北で活動している環境NGOの「猿払イトウの会」では子どもを対象とした「イ

トウ・ウォッチング」を開催しているが、そのような光景が見られるフィールドも近年は激減している。現在比較的安定した個体群を維持しているのは、道北の猿払川など6つの流域のみとされている。過去、イトウの名釣り場として名を馳せていた釧路川などは、現在では産卵が可能な環境が数か所に限られ、絶滅が危惧されている。

イトウとの出会い

私が釣りに魅せられるようになったのは小学生の頃である。いろいろと工夫して釣り上げたフナが、記憶に残っている最初の獲物だ。その後、近くの川に無数に泳いでいたウグイを相手に釣りの技を磨き、次第にヤマメなどのサケ科魚類が釣りの対象となった。

そんな私がイトウに初めて出会ったのは、近くの釣具店に飾ってあった魚拓であった。ウグイやヤマメしか知らない小学生の私にとって、魚拓とはいえ、イトウの巨大な姿は衝撃であり、その姿は今でも忘れられない。それからというもの、私は釣具店に行っていろいろと情報を集め、まだ見ぬイトウに思いを馳せる日々が続いた。しかし、イトウはずっと幻のままであった。

釣り好きが高じて本職となったのか、趣味がたまたま本職の妨げにならなかっただけなのかわからない。社会人となった私は、農地を流れる河川や水路を調査することが仕事となった。そんな私が、初めて生きたイトウと対面したのは、就職後の休日に訪れた道北の河川である。

その当時私はイトウを釣るには川底にルアー（疑似餌）や餌を泳がせなければならないと思い込んでいた。その日も川底に沈んでいる倒木に何個ものルアーを引っ掛けてしまっていた。

そんなとき、ルアーと糸が絡まり、深く潜るはずのルアーが水面に浮かんだままとなってしまった。しかたなく、水面上をズルズルと引っ張り手元に引き寄せていると、得体の知れない巨大な魚が倒木の陰から姿を現し、ルアーめがけて水面ぎりぎりまで浮上してきたのである。

写真3　川底で身を潜めるイトウ（撮影者：三沢勝也）

その後、巨大魚はUターンし倒木の奥に消え二度と出てくることはなかったが、あまりの出来事にその巨大魚がイトウであることに気づいたのは、膝の震えが止まった後のことである。それから1週間後に手にしたのは78cmの傷一つない太ったイトウであった。

この日から私にとってイトウは、幻から護るべきものに変わった。

海と山とのつながり

ところで、イトウが棲む環境とはいったいどんなところなのか。

多くの人は湿原の中を蛇行して流れる水深の深い場所をイメージするだろう。実際にイトウは「湿原の王者」といわれ、大型のイトウは中下流域の水深の深い場所に生息している。イトウの名釣り場といわれる場所の多くも、蛇行部の淵や支流合流部など水深が深い場所がほとんどだ。しかし、時には、〝こんなところになぜ〟と驚くような場所にイトウが生息していることがある。

初夏の日差しの中、トゲウオ類が生息するような水深50cmにも満たない支流で1m近い成魚を発見したこともあった。

イトウは1年中同じ場所にいるわけではなく、生育ステージにあわせて、沿岸域から上

写真4　こんな小さな流れにもイトウはいる

流域まで広く利用している。つまり、暮らしている川に移動を妨げるものがなく、海から山まで「つながっている」ことが、イトウにとって最も大事なことなのだ。当然、海と山の中間にある農村地域も生息場となる。

イトウの産卵は河川の上流部で行われる。河床材などの産卵条件が整っている場合は川幅が１ｍにも満たない規模であっても遡上して産卵する。卵からふ化し、産卵床から浮上した稚魚は産卵河川が合流する規模の大きな本流に分散する。

しかし、分散した幼いイトウは本流の流れの中で生活しているわけではなく、多くが入江のようになった溜まりや、中下流域の支流など、植物が繁茂する緩流域を利用している。

このような環境は、餌となる底生動物や昆

虫類も豊富である。また、大型魚の生息環境としては狭いことから、外敵に狙われることも少ない。増水になっても流れが緩やかで、泳ぐ力の弱い幼いイトウが流されずに済む。

また、そこは、同じく遊泳力が弱いトゲウオ類などの魚類にとっても格好の生息場となっているばかりか、本流に生息する魚類の一時的な避難場としても利用されることが多い。まさに川の中のオアシスだ。実際に、本流が増水しているときにこうした場所で調査を行うと、普段は見られないような多種多様な魚類が採捕され驚くことがある。

魚にとって、本流に接続する小河川が、流れの急変や外敵から身を守り、豊富な餌を供給するオアシスになっていると紹介したが、意外なことに河川の中下流域にあたる平坦な場所に展開する農業排水路が、オアシスになっていることもあるのだ。

魚の棲《す》み家としての農業排水路

そもそも農業排水路は、農地の過剰な水を排除して農作物を湿害から守り、高品質、高生産性を実現するとともに、豪雨時の湛水被害を回避して安定生産を図るために整備される施設であり、求められる機能はあくまでもスムーズに水を流下させることであった。このため、過去に整備された排水路には機能性や耐久性を重視したコンクリートブロックに

写真5　現況の河道線形を保全し、片岸のみを整備した排水路

よる三面護岸が多く見られた。

しかし、農業の役割は食料を生産することだけではない。国土の保全、水源の涵養《かんよう》、自然環境の保全、良好な景観の形成、文化の伝承など、農業は多面的な役割を持っている。なかでも地域の環境に果たす役割は大きい。こうしたことから平成13年（2001年）の土地改良法改正によって「環境との調和への配慮」が事業実施の原則に位置付けられ、これを契機に、地域に生育・生息する動植物へ配慮した施設整備が行われるようになった。

魚と農業との共生を目指した最近の工夫のいくつかを紹介しよう。写真5は排水路の整備例で、現況の河道線形を保全しつつ片側だけを施工した事例である。

河岸や河道内に生育する植物は、魚の隠れ場や産卵場として利用されるほか、餌となる昆虫の棲み家や水温の上昇を抑制する機能等を有しているため、魚にとって重要な環境要素となる。この工法は、片側だけの整備で水が流れる部分の断面積を確保しようというもので、残された片側は、植生自体が保全されることに加え、施工時の生物の避難場や、植物の種子の供給場としても期待できる。このため、通常の両岸を施工する場合と比較して植生の回復スピードが早い。

写真6は排水路の中に自然素材を活用した水制工（流れの強さや方向を変える施設）を設置した例である。

魚は、種類や個体のサイズによって好きな流速や水深環境が異なる。また、日照り続きで流量が少なくなったときや、雨による増水などの変化にあわせて、生息する場所を変化させる。流れの変化があることは、魚にとって好きな環境を選べるということになる。本工法は、間伐材や自然石などを現地状況に応じて配置するものであり、瀬と淵の回復により多様な流れが形成されることから、より多くの魚の生息場となることが期待できる。

魚の生息地を分断してしまいかねない落差工《らくさこう》（落差を設けて水路の勾配を緩やかにする施設）などについても、多段式落差工の採用や魚道設置などの配慮がなされるようになった。

一方で、これらの工法は施工や維持管理で負担が増大する場合が多いことから、地域の方々の協力が必要となる。近年では、農業者やその他の地域住民を中心とし、土地改良区などの関係団体を含め、地域が一体となって農村環境の保全に取り組んでいる。

水質の面で見ると、家畜の排せつ物等をバイオマス資源として利活用し、環境負荷の低減を目指す循環型農業の取り組みも進んでいる。

農業は私たちが生活する上で必要不可欠な第一次産業であり、今後も安定した営農を目指す上で、排水路などの基幹施設の整備は重要である。しかし、農村は生産活動の場であると同時に人と自然が隣接する場所でもある。農地の整備は環境への影響も大きいことを常に念頭に置き、農業生産と環境とのバランスを保ち、後世に豊かな自然を残すことが私たちの世代の使命だ。

現在の農地を支えている基幹的な農業水利施設

写真6　丸太水制工を設置した排水路
写真中央と左に設置した丸太で流れの変化をつくっている

の多くは昭和30年代、40年代に集中的に整備されたものだ。設置から半世紀ほどが経過し、多くの施設が更新時期を迎えようとしている。そんな時期だからこそ、私たち農業土木技術者の使命は重大だ。

子どもの頃、生きたイトウを目にすることが私の夢だった。そして農業土木技術者となった今、海と山とのつながりの中でのみ生きながらえ、農村地域も生息場のひとつとするイトウは、職業人として魚の生息環境を考える上での新たなシンボルとなったのだ。

次世代に伝えたい命のつながり

農業のためにも豊かな自然環境が必要不可欠であることを知ってもらうため、子どもたちと生きもの調査を行う機会がある。冒頭でのやりとりは、その一シーンである。

毎回、子どもたちの真剣で嬉しそうな表情があふれる楽しい時間を過ごすのだが、ひとつだけ気がかりなことがある。それは、身近にあふれんばかりの自然が残っているのに、魚や昆虫のことを知っている子どもが非常に少ないということだ。

生きもの調査を通じて、子どもたちが「こんなに種類がいるとは思わなかった」「川にも大きな魚がいることがわかった」と驚くのは嬉しいことなのだが、反面、子どもたちが

写真7　生きもの調査の1シーン。子どもたちは真剣だ

身の回りの自然について詳しくないことを示している。昔は子どものほうが大人よりよほど詳しかった気がする。今はそうではないらしい。

おそらく興味はあるものの、自然と接する機会が少ないだけではないだろうか。自然とふれあうきっかけをつくり、その場で寄り添うだけで、子どもたちは十分に自然に興味を持ってくれるのだ。

私たち技術者が持つ経験と知識を駆使したならば、次世代を担う子どもたちと自然との距離を少しだけ縮めてあげられるかもしれない。そして、土木技術は決して人から自然を遠ざけるものではないことを、この仕事を通じて伝えたいと願っている。

Ⅲ－3

技術士の挑戦

——科学技術で明日を拓く

斉藤 有司

「技術士」という資格をご存じだろうか。
初めて聞いたという人も多いだろう。

現在「技術士」は、
全国で約7万２０００人が登録されている。
こう紹介すると多くの技術士がいる
と思われるかもしれない。

しかし、平成23年3月末日現在の税理士の
人数がちょうど7万２０００人。

自ら探さなければ、なかなか税理士さんと出会えないように、
技術士の人数は全人口から見るとわずかな数でしかない。
それでも、私たちの暮らしを取り巻く、実に多くのものに技術士はかかわっている。

さて、技術士とは一体どんな人びとなのか。
知られることの少ない技術士の世界をご案内しよう。

写真1　吹雪を観測するために開発された移動気象観測車

技術士ってなに？

　私たちの生活を支える社会基盤になる施設を、社会資本（Infrastructure）と呼んでいる。具体的には、道路・鉄道などの交通基盤施設、電話・インターネットなどの通信基盤施設、上下水道・公園などの生活基盤施設、河川・砂防・海岸などの国土保全基盤施設、石油・ガス・電力などのエネルギー関連基盤施設、農林漁業・団地などの生活基盤施設などである。

　技術士は、これらの社会資本整備や生産・流通・消費などの過程で、我々の生活を豊かにするために科学技術を駆使し、社会に貢献している。

　また、技術士は、技術士法により「科学技術に関する高等の専門的応用能力を必要とする事項についての計画・研究・設計・分析・試験・評価又はこれらに関する指導の業務を行う者」と定義されている。お医者さんに、内科・外科・小児科のようにそれぞれの専門分野があるように、技術士も建設・農業・応用理学・原子力など、20の部門に分かれている。さらに、各専門分野に共通するマネジメント・危機管理などの部門として、21番目に「総合技術監理」という部門がある。

　このように技術士がかかわる分野は広く多様だが、建築士などとどこが違うのだろうか。

「社会資本」をつくる際には実に多くの有資格者の参加が義務づけられている。その出来不出来が生命の危険にも及ぶのだから、社会資本の設計、施工に携わる技術者には厳しい条件が定められて当然だ。たとえば、住宅や団地などの設計・施工では、一定の規模以上の建築物については一級建築士でなければならないと定められている。数年前に札幌では本来一級建築士でなければできない設計業務が二級建築士に下請けに出されたりしたことが社会問題となった。

建築士をはじめ医師・弁護士は、管轄行政庁からの免許を受けた「職業的独占権」を持つ国家資格だ。独占権を侵す者があれば厳しく罰せられる。

これに対して技術士は、同じ国家資格でも「名称独占権」が認められてはいるが、国から業務の独占権が認められているわけではない。国から認められた者にしか名乗ることが許されていない技術士は、「技術者に与えられる最高の資格」であり、「高度な専門的応用能力を持つ技術者」と認められているが、その一方で、技術士の資格がない者が行うと罰せられる業務は厳密にはない。このことが、技術士があまり市民に知られていない一因となっている。では、どうしてこのような資格が生まれたのだろうか。

技術士の誕生

欧米ではProfessional Engineer、Chartered Engineerなどの資格者が、日本の技術士にあたり、古くから社会的な尊敬を受けてきた。その起原は産業革命時代のイギリスにあり、機械力が発達し、大規模な構造物や設備がつくられるようになると、設計から施工に至る全般にわたって高い知識を持つ専門家が求められるようになり、やがて専門職としての地位を確立していった。

一方、明治になってから急速な近代化を目指した日本では、中央省庁や都府県庁に所属する技官と呼ばれる人たちが構造物や機械設備の企画、設計を行い、わずかな例外を除いて調査や企画、設計を行う民間の専門職はなかなか確立されなかった。

ところが太平洋戦争で日本は焦土と化し、多くの社会資本が失われた。戦後復興は社会資本の復旧から取り組まれたが、これを設計する技術者は官庁の技官だけではまったく足りなかった。加えて、海外の領土を失い、軍事力を放棄した日本には平和産業を振興するほか復興の道が残されていなかったが、その担い手も不足していた。

このような状況から、荒廃した国土の戦後復興を早期に実現するために、技術者を最大限活用することが必要となった。

当時、欧米諸国で高い評価を受けていた技術コンサルタント業を、日本でも確立し、技術者を効率的かつ組織的に活用する必要があるとの信念のもと、昭和26年6月、日本技術士会を設立し、技術士資格制度とともに組織化が図られることとなった。そして昭和32年、国は技術士法を制定し、これを国家資格とした。

昭和32年3月、衆議院科学技術振興対策特別委員会で「技術士法」の法案説明に立った宇田耕一科学技術庁長官は、「日本は経験十分な有能技術士たるべき人を多数擁しているにもかかわらず、それらの人の存在を知らないとか、仮に知っていても、あえてその門

《技術士プロフェッション宣言》

われわれ技術士は、国家資格を有するプロフェッションにふさわしい者として、一人ひとりがここに定めた行動原則を守るとともに、社団法人日本技術士会に所属し、互いに協力して資質の保持・向上を図り、自立的な規範に従う。

これにより、社会からの信頼を高め、産業の健全な発展ならびに人々の幸せな生活の実現のために、貢献することを宣言する。

【技術士の行動原則】

1. 高度な専門技術者にふさわしい知識と能力を持ち、技術進歩に応じてたえずこれを向上させ、自らの技術に対して責任を持つ。
2. 顧客の業務内容、品質などに関する要求内容について、課せられた守秘義務を順守しつつ、業務に誠実に取り組み、顧客に対して責任を持つ。
3. 業務履行にあたりそれが社会や環境に与える影響を十分に考慮し、これに適切に対処し、人々の安全、福祉などの公益をそこなうことのないよう、社会に対して責任を持つ。

平成19年1月1日
社団法人　日本技術士会

表1　公益社団法人日本技術士会が「技術士プロフェッション宣言」として定義する技術士のあり方

をたくことをしない場合がはなはだ多い」として、「技術士というものに対して社会的な関心を高め、一般の認識を深めるような措置をとる必要を痛切に感じる」と訴えた。

では、国の技術力を高めようとすることに何が必要だろうか。「技術を産業に適用しようとする場合に当面する最大の問題は、しょせん人の問題であり、十分な技術経験を持つ人を得るやいなやにかかっていると考えるのであります」と宇田長官は述べている。

技術士制度には、日本の技術力の担い手は専門技術を持った一人ひとりのエンジニアであり、エンジニアとしての自覚と自立こそが、科学技術立国日本を支えるという思いがあったのだ。資源の乏しいわが国は、科学技術などの知的財産を活かして世界に貢献し国を建てる「科学技術立国」の実現を目指したのである。

今日「技術士」は、社会が行政等に求めるニーズと大学や研究機関などの成果と産業の生産力をコーディネートする、いわゆる「産学官」連携の調整役として、さまざまな分野で活躍している。

技術士になるには

技術士になるには、それなりの努力が必要である。

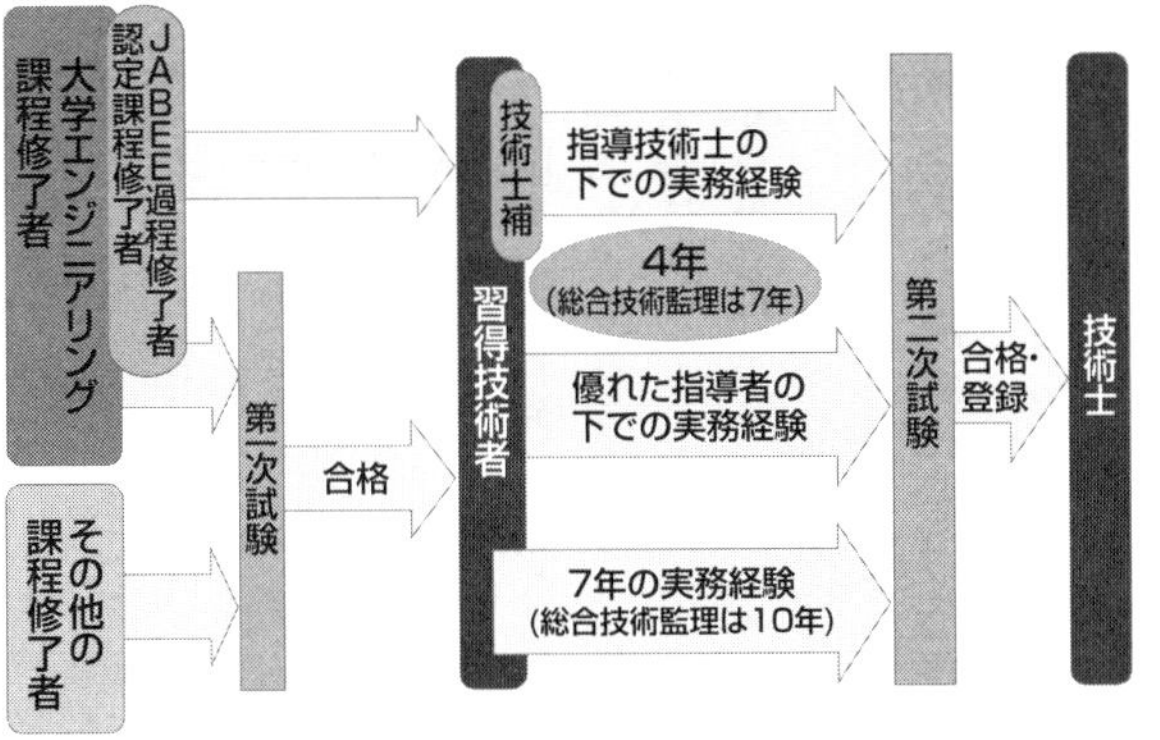

図1　技術士試験のしくみ
技術士になるためには何段階もの選抜試験と実務経験が求められる

現在、技術士になるためには、大学、高専などでのＪＡＢＥＥ課程（大学など高等教育機関で実施されている技術者教育プログラム）を修了するか、技術士一次試験（技術士になるための予備試験—合格率35％前後）を突破した後、指導技術士や優れた指導者の下などでの4年間の実務経験、もしくは、7年間の実務経験を積んだ者だけが技術士二次試験を受けることができる。

この技術士二次試験は、合格率15％程度という狭き門だ。合格後も、技術士法には、名称表示の義務、信用失墜行為の禁止、秘密保持義務、公益確保の責務、資質向上の責務などの義務を課し、違反者には刑事罰を含む厳しい処置を規定している。

国家が認めた最高の技術者として、技術士

にはふさわしい振る舞いが求められている。技術士法では、技術士ではないコンサルタントエンジニアが顧客の秘密を漏らしても刑事罰を受けることはまずないが、技術士が秘密を漏洩すると技術士登録を取り消されるだけでなく、刑事罰にも処せられる可能性もあるのだ。

技術士が、科学技術立国日本を支える使命を帯びた高い専門知識と経験を兼ね備えたエンジニアであることをご理解いただけただろうか。

技術士の高い専門性から事実上、技術士でなければ認められない業務は少なくない。例えば、国土交通省発注の受注業者を認定する「建設コンサルタント登録」では部門毎に技術管理者が必要なのだが、技術管理者は原則として技術士となっている。また、業務毎の資格審査において、管理技術者・照査技術者が必要だが、これも技術士資格を持っていることが資格要件となっている。

技術士の北海道に賭ける想い

国から技術士を名乗ることを許されたエンジニアは、有能な職業人であるとともに、技術の力で社会に貢献する使命を帯びている。実際に道内で活躍する技術士の活動を追ってみよう。

寒冷地特有の土、泥炭に挑戦する

小林智穂技術士【建設部門・総合技術監理部門】は、「泥炭」という土木技術者泣かせの地盤に取り組んでいる。

これは枯れた植物があまり分解せずに堆積した非常に軟らかい特殊土で、世界的には植物の分解が遅い寒冷地の北米・ロシア・北欧、そして日本では北海道にその大部分が広い範囲で分布している。石狩平野・サロベツ原野・根釧平野など、北海道の平野部の約6％に相当し、石狩平野では泥炭厚は平均で5ｍ程度、最大で10ｍを越すところもある。

この泥炭は、水を含んだスポンジのように圧力を受けると大きく縮んでしまう。そのため、さまざまな改良策が必要で、平野部の開拓の歴史は泥炭地盤との戦いでもあった。

そんな泥炭地盤も先人たちの知恵と技術の進歩によってずいぶん克服できるようになってきたが、泥炭地盤が地震を受けたときの挙動については、まだまだ研究段階にあるのだ。

例えば地震で被災した盛土を調べてみると、泥炭地盤の中に沈みこんだ砂質土系盛土が地震で液状化を起こし、盛土全体が沈下することが釧路沖、北海道東方沖地震、十勝沖な

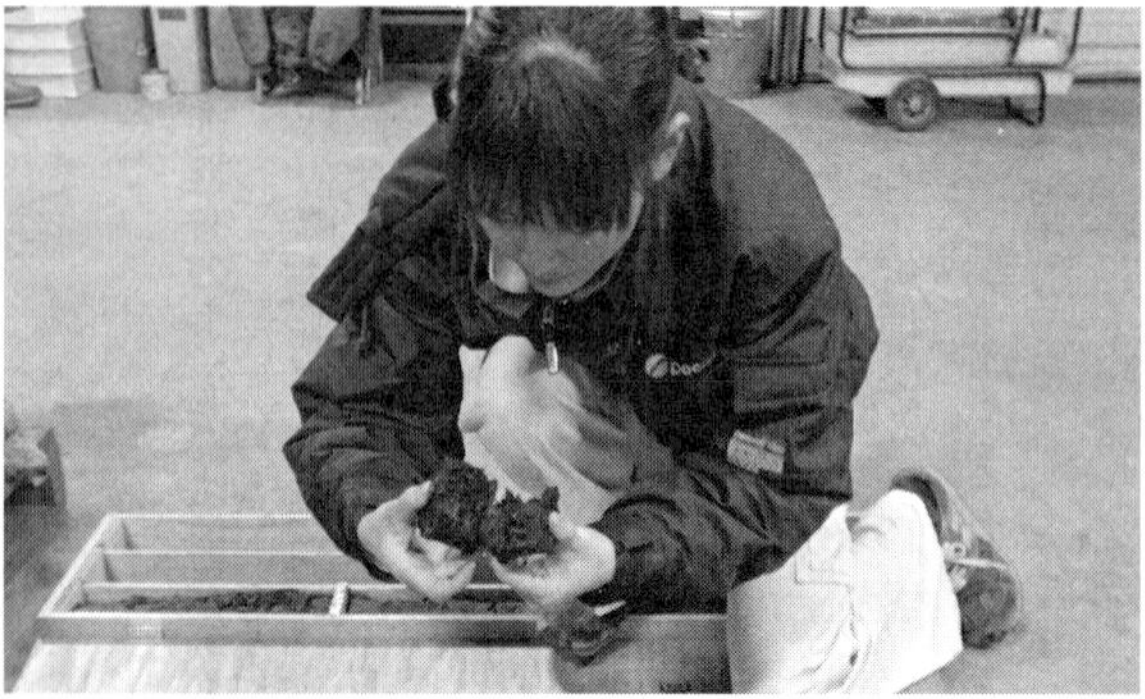

写真2　小林智穂技術士
泥炭のボーリングコアを観察中

どの地震で解明されている。ところが、その沈下量がなかなか予測できないのである。

　こうしたなかで、小林は「液状化の発生程度を反映させた沈下量の算出方法」を求める業務を担当し、液状化の程度と盛土の安定性をうまく関連付けた沈下量の予測方法を見出した。新しく改訂された「泥炭性軟弱地盤対策工マニュアル」にはこの成果が採用されている。

　小林はこんな抱負を述べている。

「私にとって、技術者として大きなやりがいを感じた仕事でした。東日本大震災規模の巨大地震が北海道で発生した場合には、広範囲な液状化が予測されます。今後は、もう一歩複雑な解析手法について研究を行い、泥炭地盤上の盛土構造物の耐震性能向上に寄与したいと考えています」。

北海道らしい雄大さを演出する道路づくり

道路設計を専門とする奈良照一技術士【建設部門・総合技術監理部門】は、本州の道路に重点を置いた道路設計基準を超え、広大な北海道の景観を演出する道路のあり方を模索している。

道路の計画・設計では、交通機能を確保することに加え、周囲の風景と調和した景観形成が求められる。雄大な自然と景観が観光資源となっている北海道ではなおさらだ。奈良も「景観と調和した道路とは、地形や風景の改変を最小限に抑え、美しく雄大な風景に溶け込んだ道路と考え、そうした道づくりに努めてきました」と言う。

しかし、こうした既成概念は必ずしもすべてではない。女満別空港から知床半島を目指す途中にある「斜里岳を望む道」（写真5）などはまさしくその代

写真3　空知地域の泥炭地帯
泥炭地域は地盤が軟弱で、道路の沈降によってうねりが生じている

写真4　奈良照一技術士
ドライバーの目線で道路線形を検討中

表例だ。ここは凹凸を繰り返す長い直線道路で、道路の先端が、まるで斜里岳に届くかのような錯覚を覚える。いつ訪れても、息を呑む景観だ。

だが、この道は、樹林帯を分断し、地形を改変していることが明らかな構造である。つくられた当初は周囲の景観とは必ずしも馴染んでいなかったと思われる。一般的な道路の教科書に照らして見れば、走行性や交差点の視認性などにおいて、決して高い評価が与えられるものではない。

しかし、奈良は「だからこそ、この道から学びたい」と言う。

「そもそも、これらの長い直線道路は、開拓時代、土地を分割する基線としての役割があったものと思われます。それが、北海道開拓の長い歴史の中で風景に溶け込んだ結果、その単調さこそが、かえって北海道らしい雄大なスケール感を創出し、

写真5　斜里岳を望む道
網走市と斜里町を結ぶ道道246号付近の道では、日本離れした美しい景観が楽しめる
［撮影：山本勝栄氏（大空町）］

新たな価値を生み出しているのです。原野から切り拓かれた開拓地・北海道という特殊な事情のなか、先人技術者が作り出した道です」。

奈良は、時には全国標準を疑い、地域に合った新たなスタンダードを発信することも技術士には必要と言う。定石を外れたことでマイナスが生じたならば、知恵を絞って何か別な方法でカバーすればよいということだ。奈良はこう言う。

「これまでに私が計画・設計した道路が、こうした価値を発揮するには、まだまだ時間がかかるでしょう。それでも、北海道の魅力をさらに高めるような、新しい価値の創出につながる道づくりを目指し、これからも技術を磨いていきたいと考えます」。

吹雪をとらえる移動気象観測車の開発

積雪寒冷地での交通のあり方を研究している川島由載技術士【建設部門・応用理学部門・総合技術監理部門】は、変転の激しい地吹雪をとらえるため、移動気象観測車を開発した。

北海道の冬の気象条件は厳しく、吹雪による交通障害が発生している。川島は、吹雪から道路を守ることを目的に、冬期に気象調査や雪況調査（視程障害や吹きだまりの発生箇所とその状況を把握すること）を実施して、防雪対策（防雪林や防雪柵など）を検討する

写真6　川島由載技術士
雪崩の危険性を確認するため積雪内部の弱層を調査中

仕事をしている。

ところで、頻繁に発生しているように思える吹雪だが、その実態をとらえることはとても難しい。交通障害を起こすような吹雪が発生している時間は、数十分から数時間程度と短く、場所も限られていることが多いからだ。さらに、その場所が時間とともに移動していく。

そのため川島は、「吹雪の実態を短時間にとらえ、防雪対策が必要となる区間を効率的に抽出する必要がある。そこで、車で走りながら吹雪の観測ができる移動気象観測車を開発したい」と、上司に直訴した。

技術士ならではの意気込みだが、観測車の開発は相当な難産だったという。

「当初はイメージだけの企画でしたが、気象、車両、計測機器及びソフト製作の専門家たちが集まり、試行錯誤の末、約半年ほどで製作しました。実際の現象と計測値との調整に苦労しましたが、現在は2台の移動気象観測車が活躍しており、北海道の冬期交通の安全性向上に貢献しています」。

こうした経験を踏んだ今、川島はこう言う。

「この経験から得た教訓は、頭の中にイメージできるものは実現できるということです。逆にイメージできないものは、実現できないと思います。また、ミスは単純なものが集まって起こるので、プロジェクトは注意深く進めなくてはならないということです」。

技術士の社会貢献

技術士は、技術の力で日本を再び世界に蘇らせ

写真7　移動気象観測車
吹雪を求めて、調査に赴く。まさに命懸けの仕事だ

たいとする強い思いによって生まれたと紹介した。たしかに戦後、日本は技術の力によって奇跡の復興を成し遂げ、現在では先進工業国の一角としてゆるぎない地位を保っている。しかしその一方で、戦後という時代は、技術がけっしてバラ色の未来だけをもたらすものではないことを教えてくれた。それだけに、高度な専門知識を持ち、社会的な存在として国から認められた技術士には、安全・安心な社会づくりに貢献していくことが、求められている。

筆者が本部長をさせていただいている公益社団法人日本技術士会北海道本部に所属している約900名の技術士は、委員会・研究会活動を通し、防災・減災・地域振興などへの提言を初め、一般市民向けにシニア対象の学習会や小学生の理科離れに対応した授業支援や出前授業などを行っている。なかでも積極的な活動を展開している防災委員会や業務委員会について紹介しよう。

平成23年3月11日に発生した「東日本大震災」は、地震規模、災害の甚大さにおいて、「阪神淡路大震災」をはるかに超えるものであった。また、巨大地震直後に発生した大津波と冷却用電源停止を原因とする原子炉の炉心溶融の恐怖は今でも記憶に生々しい。今回の巨大地震からは、防災施設などハード面の対策強化だけでは限界があることも知らされた。

防災委員会では、未曾有の大災害となった「東日本大震災」クラスの大地震と津波が北

写真8　日本技術士会北海道本部の発行物

海道で発生したらという想定のもと、(仮)「北海道の巨大地震・津波対策への提言」の発刊を検討している。東北の太平洋側と、北海道では、土地の利用形態も交通網も違う北海道では、それなりの対応の仕方があるのではないだろうか？　という疑問がさまざまな部門の技術士間の協議の中から生まれてきたのである。現在、総力を挙げて取り組みを始めたところであり、平成24年度中には、一冊の本として発刊したいと思っている。

また業務委員会では、道内の農林水産業における地域振興についての講演会を開催し、北海道を元気にするさまざまな取り組みを紹介している。具体的な提案として、「エゾシカ分科会」を中心としたエゾシカ養育による産業の創出や、体験型農業と観光をセットにしたツアーの提案を行い、地域振興に寄与することを目的に活動を行っている。

また、水産業に風を吹き込むべく、函館では、平成21年度地方の元気再生事業として「はこだて『水産・海洋』で元気なまちづくり」を行った。都市漁村交流と食育を介したブランドづくり（水産物消費の拡大、食育授業・体験ツアー・物販等）に着目したのである。北海道大学大学院の古屋温美特任准教授【技術士（水産部門・建設部門）】が地域の人々とともに活動の中心となり、北海道本部の講演会で事業概要について紹介した。

これからの漁業を考えるとき、漁獲量とともに、いかに生産物に付加価値を付けるかが課題であり、地方の元気再生事業が継続している今、都市漁村交流による食品製造加工業・運送業など周辺産業を含めた活性化が期待される。

北海道の明日《あした》へ

石狩の大地に降り立って、漆黒の空に輝く星々を眺めた開拓者。彼らは、自然と対峙するのではなく、自然を畏敬し、自然と共生して生きてきた。しかし、その後、我々は豊かさを追求するあまり自然に対し傲慢になっていたのではないか、という疑問が湧いてきている。

青く美しい地球に住まわせてもらっている、という当たり前のことを忘れかけていたのではないか？　家族という一番大切な絆が、切れかかっていたのではないか？

このたびの東日本大震災は、私たちの胸に焼け火箸のように強いメッセージを刻み込んだ。多くの尊い犠牲者の方々のためにも、自然と共生し慎ましやかな未来を描くべく、真の日本の復旧・復興が急がれる。今、この国の形が問われているのだ。

科学技術は、使い方を誤ると戦争の道具にもなりかねない。広島や長崎に落とされた原子爆弾がそれをいみじくも示している。私たちは、科学技術を自然と調和し、かつ、心豊かで安全安心な人間社会を築くためのツールとして生かしていかなければならない。

技術士を名乗ることを国から許されたプロフェッショナルたちが、いかに北海道と向き合ってきたかを紹介してきた。これを読んで技術士資格に挑戦する学生や技術者がひとりでも増えてくれればと願っている。私たち技術士は部門相互の連携を強め、北海道の大地が持つさまざまな魅力を再発見し、産学官連携のコーディネーターとなって、元気に満ちた北海道の再生に今後ともチャレンジしていきたい。

Ⅳ 北の大地に再生可能エネルギーを発見する

1　北海道ならではのクリーンエネルギーを求めて　福本 哲夫
2　寒さをエネルギーにする雪氷冷熱　山崎 真也
3　生物がもたらすバイオマスエネルギー　竹森 憲章

Ⅳ-1 北海道ならではのクリーンエネルギーを求めて

福本 哲夫

今や、私たちの生活において電気は不可欠なものである。
2011年3月、
東日本大震災とともに起こった福島第一原発の事故は、
電気の重要性と社会に与える影響の大きさを再認識させた。
そして、再生可能エネルギーにかつてない注目が集まっている。
私は、ダムの設計技術者として、
発電施設の設計にもかかわってきた。
北海道の特徴は、豊かな自然と広大な面積、
そして亜寒帯の気候。
この特徴を生かした、北海道ならではの
クリーンエネルギー開発ができないかと、考えてきた。

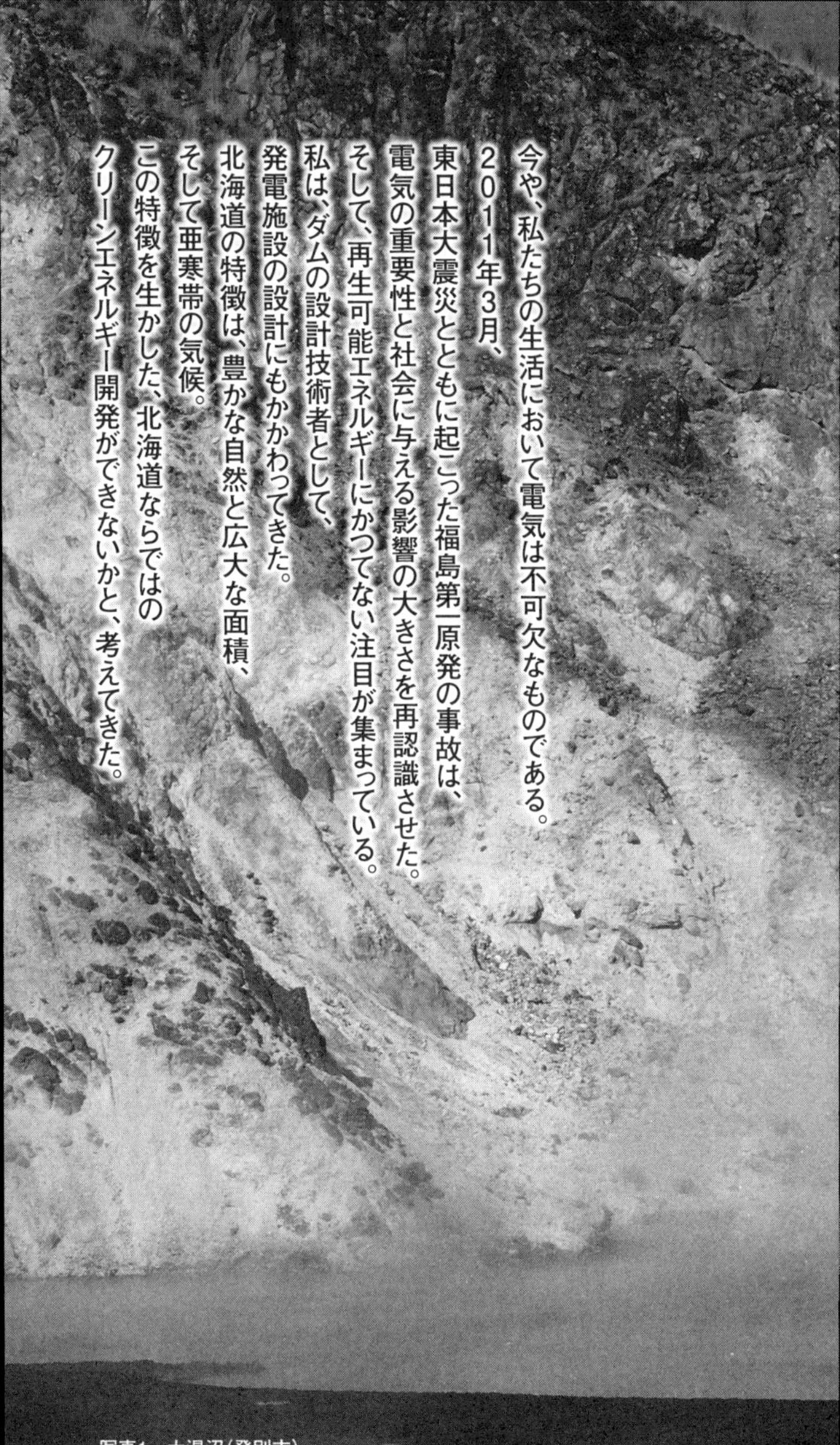

写真1　大湯沼（登別市）
火山列島の日本は地熱エネルギーに恵まれているが、決して有効に活用されていない

北海道の開発を支えた発電エネルギー

北海道開発の歴史は、明治新政府が明治2年（1869年）に開拓使を設置したことに始まる。ほとんど原生的な状態から、土地の開墾、森林伐採、農地整備などを開始し、今日までわずか140年程度の歴史である。なぜ、こんな短期間に現在の姿まで発展することができたのか？　その要因はいろいろ考えられるが、エネルギー資源に恵まれたこともその一つと考えられる。

北海道開拓が始まった1870年頃、ドイツで発電機が実用化された。当時は石炭による火力発電が主流で、北海道開拓の中心となった道央地域にはわが国最大の石狩炭田があった。空知・夕張炭鉱が開鉱したのは明治23年のことだ。その後、北海道の炭鉱は、徐々に出炭量を増やし昭和41年（1966年）には1700万tに及んだ。

火力発電と並んで、水車で発電機を駆動する水力発電の技術も進展し、1900年代に入ると道央の豊平川や千歳川を中心に水力発電所が建設されている。1930年頃には長距離送電の技術が確立し、山岳地帯に大きな発電ダムがつくられるようになった。その結果、北海道では、水力が火力を上回る水主火従の電源構成が昭和37年まで続く。

つまり、開拓使が設置されてから約100年間、高度経済成長期を迎え石油主体の火力発電が主流となるまでの期間、北海道はエネルギー資源を自給していたことになる。

その後、昭和48年のオイルショックを起点とした化石エネルギーの枯渇問題や二酸化炭素の排出が地球規模の環境問題となり、原子力を中心とするCO_2削減に向けた取り組みが、国際的な流れとなる。しかし、平成23年（2011年）3月11日の東日本大震災の福島第一原発事故により、世界の世論は一変する……。

事故を教訓に、再生可能エネルギーへの転換が叫ばれ、太陽光、風力などの新エネルギーが今あらためて注目されている。そのようなエネルギー政策の変換期の中で、広大な北海道は、再生可能エネルギーの供給源として、新たな役割が期待されているのだ。

北海道の電力状況

ここで北海道の発電状況について見てみよう（図1）。北海道電力の発電電力量と電源設備別の比率は、火力発電が14986百万kW時（42%）と最も多く、次いで原子力が12381百万kW時（35%）である。

平成21年度の販売電力量は、31451百万kW時、効率よく発電量の約89%を販売していることになる。バイオマス発電、風力発電、太陽光発電などの新エネルギーは、その

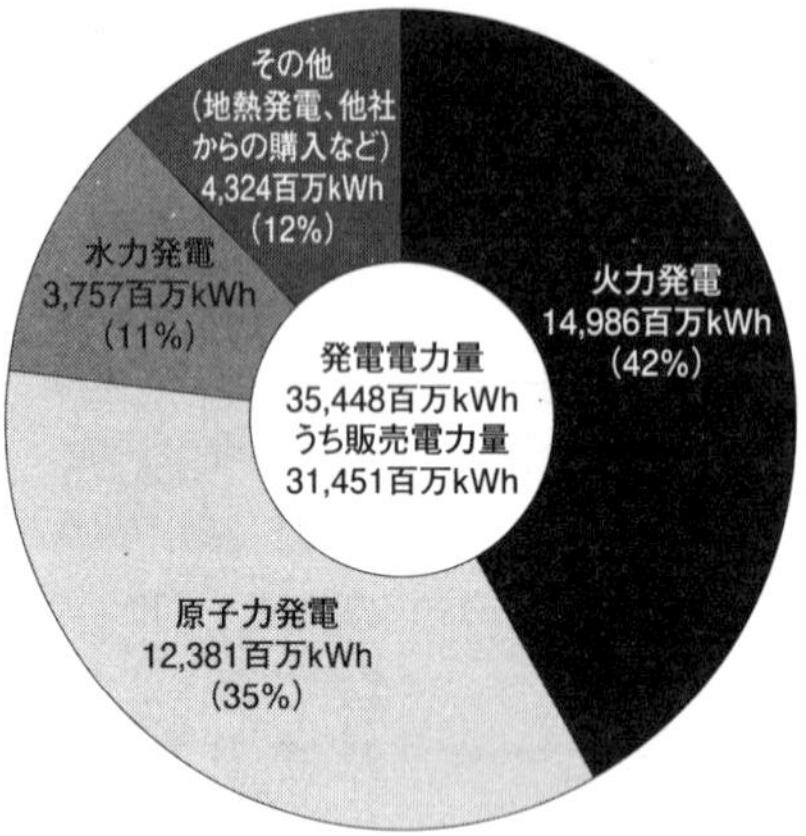

図1　北海道電力の発電電力量と電源設備別の比率（2009年度実績）

他の中（他社からの購入）に含まれており、そのうち新エネルギーの発電（購入）電力量は、704百万kW時（2%）と少ない。

現在、北海道で初めての純揚水式発電所である京極発電所（最大出力60万kW）を建設中である。

北海道は、京極発電所の完成により需要に対し十分な発電設備容量を持つことになるが、将来に向けた課題を整理すると次のようになるだろう。

①現在建設中の京極発電所を考慮しても、再生可能エネルギー比率が小さい。
②原子力に対する依存が大きい。
③ベース電源の多くを輸入資源によるエネルギーに依存しており、国際情勢の影響を受けやすい。

④火力や水力の発電所が分散配置されているのに対して、原子力は泊発電所1か所のみで、場所が集中している。

将来に向けて電気を安定供給するためには、特定の電源に偏ることなく国際情勢の変化や想定外の事象に対し柔軟に対応できるよう、中長期的な視点に立ってバランスよく組み合わせることが必要である。

海洋温度差発電

エネルギーは、加えられる力の強さとその量の積により求められる。つまり、熱（力）が小さくても量が多ければ所要のエネルギーを得られる。単位面積あたりのエネルギーの少ない太陽エネルギーを利用した発電であっても、量が十分にあれば実用的になるはずだ。これから紹介する「海洋温度差発電」はその代表的なものなのだ。

赤道付近の表層の海水は常に30℃程度と温かい。一方、太陽光の届かない水深３００メートル以深の深層海水は冷たく、常に10℃以下で安定している。その海面と深海の温度差を利用するのが海洋温度差発電である。

発電の原理を図2に示す。海面の温水で気化させた蒸気でタービンを回し、深海の冷水で液化させることを繰り返す。原理的には、火力や原子力発電と変わらないが、タービンを動かす作動流体として水ではなく沸点の低いアンモニヤを使用することが特徴である。

海洋温度差発電の原理は、最近発明されたものではなく1881年にフランスの物理学者ジャック・ダルソンバールによって発表されている。その年に、アメリカで世界で初めて火力発電所が完成したのだから歴史は古い。その後、ネオンサインの発明で知られるフランスのジョルジュ・クロードも実験したが、実用化に成功していない。

海洋温度差発電は、やがて石油による火力発電が隆盛期を迎えたこともあり、低迷期に入る。再び開発が活発化したのは、オイルショックの頃からである。世界で石油に代わるエネルギー開発の気運が高まり、アメリカ、日本などが国家的プロジェクトとして研究に着手した。しかし、十分な成果を得られないまま時が過ぎ、並行して原子力発電の研究が促進されたため、半ば忘れられた状態となっていた。

こうしたなか海洋温度差発電を世界で初めて実用化したのは、日本の上原春男佐賀大学教授で、1990年代のことだった。

海洋温度差発電の実用化への最大の壁は、温度差が小さいために発生する正味電力が少ない点だった。このわずかな発電量を海水のポンプアップなどで発電所自体が消費してしまうため、外部に取り出せる電力はほんのわずかであった。上原教授はこれを次の方法で

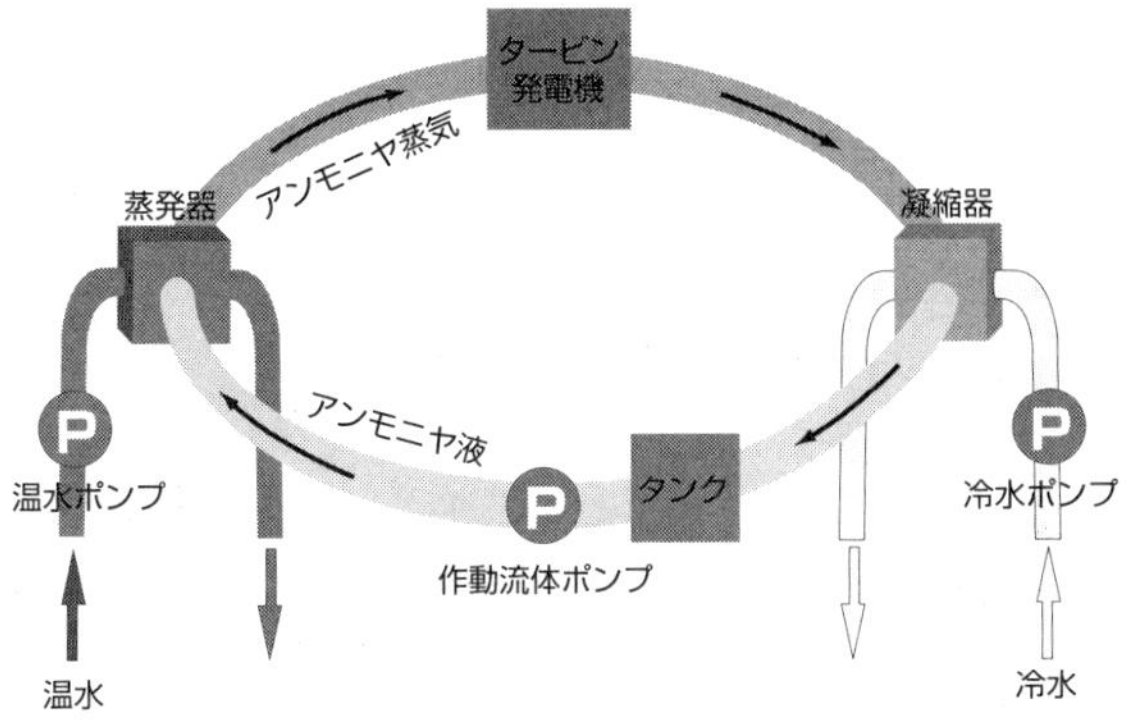

図2　海洋温度差発電の原理

克服したのである。

①タービンを回す作動流体にアンモニヤを用い、少量の水を混ぜる独自の工夫。

②発電効率を高める高性能熱交換器の開発。

水の沸点は１００℃である。海洋温度差発電の熱源は30℃程度の表層海水であるから、水では気化しない。そのため、教授はアンモニヤに少量の水を混ぜて、20℃程度で沸騰する沸点の低い作動流体を開発したのである。

熱交換器とは、作動流体を蒸発させたり冷やしたりする装置のことで、前者が蒸発器、後者が凝縮器と呼ばれる。熱交換器の形状を、従来使用していた円管式のものから板状とすることで発電効率を大幅に高めることに成功したのだ。

こうして教授は、平成15年に佐賀県伊万里市に「佐賀大学海洋エネルギー研究センター」を完成

図3　着定式海洋温度差発電のイメージパース　（株）ゼネシス提供

させた。30kW海洋温度差発電装置を用いて、最大正味出力20・5kWが発電できているという。こうした成功を受け、現在では世界の多くの国で、海洋温度差発電の建設や計画が進められている。

北海道の寒さを利用できないか？

北海道の地域特性を一言で表すと「広い」ということと「寒い」ということである。太陽光や風力は広さを利用したものであるが、ここでは寒さを生かした新しい発電方法について考えてみたい。

再生可能エネルギーとして有望な海洋温度差発電だが、そこには課題もある。海には無尽蔵のエネルギー（太陽熱による暖かい海水）

が蓄積されているが、一年を通して暖かいのは、赤道付近に限定される。沖縄を除く日本の多くは、海洋温度差発電の適地に該当しない。まして亜寒帯に属する北海道での導入は難しい。では、冷温な北海道で温度差発電はまったく望めないのだろうか。

北海道は、厳寒期にはマイナス20℃以下に達する。つまり、地上と地中の温度差が最も大きな地域であるといえる。大きな温度差があるのならば、そこからエネルギーを取り出せる可能性も大きいのではないだろうか。冷温な北海道で海洋温度差発電が直ちに難しいとしても、〝北海道の寒さ〟を利用した発電はできないだろうか。そんな問題意識から、北海道ならではの温度差発電を考えてみた。

温度差発電の熱効率を高めるためには、安定した高温水と低温水を確保する必要がある。図4は日本の熱水の資源分布を示している。全国に熱源が分布するが、その中でも道東は、有数の熱水の賦存地域であることがわかる。

温水を利用した再生可能エネルギーの一つの方法として地熱発電（北海道の発電所としては森発電所）がある。それは、地中深くボーリングし200℃程度の高温水の蒸気によりタービンを回す方式で、日本各地に候補地はある。

しかし、泉源の多くは国立公園内にあり、自然保護のために厳しく規制されている。また、発電が可能な高温の温水のほとんどは温泉事業者に利用されている。温泉事業者の「温

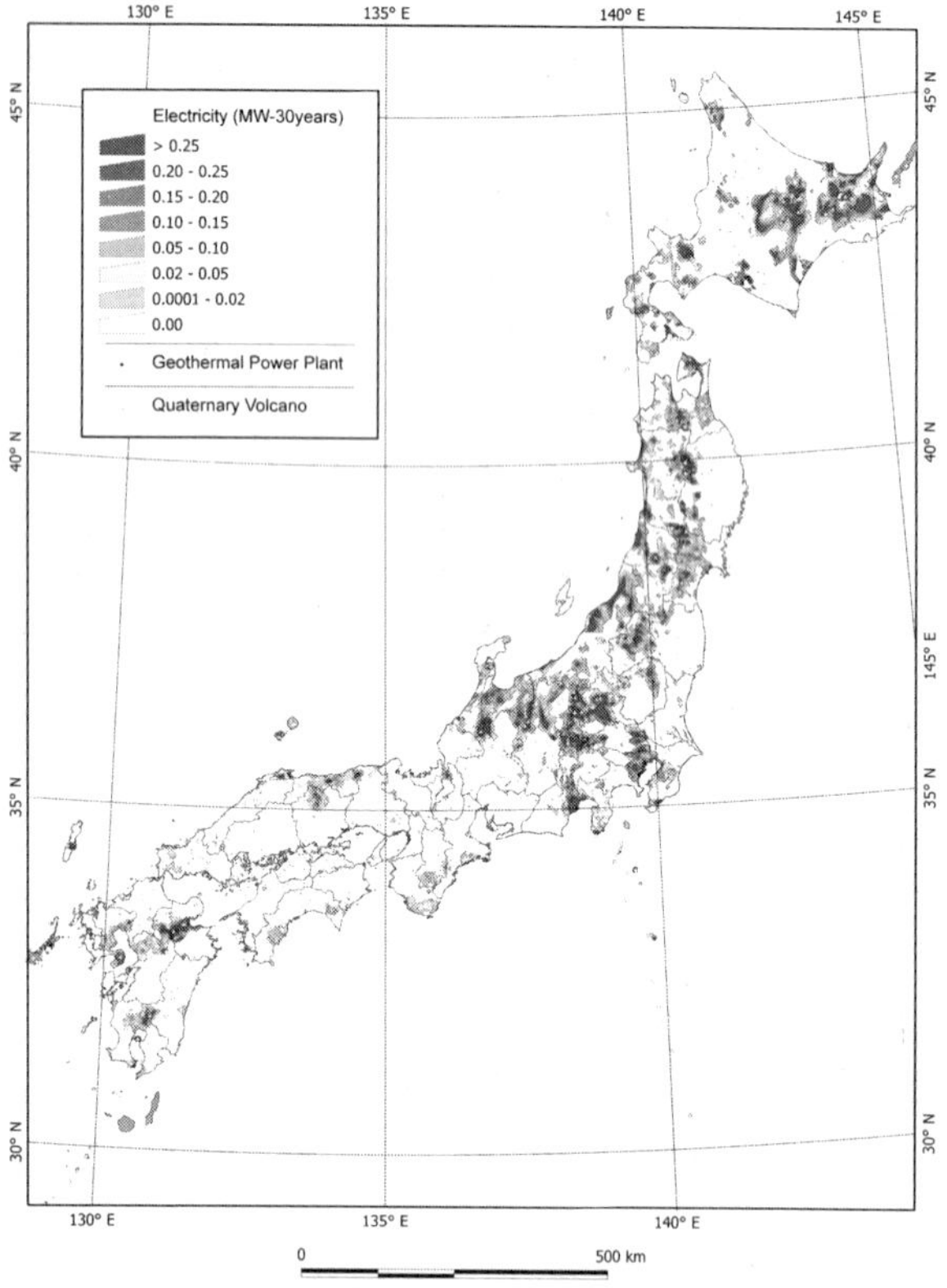

図4　日本の熱水の資源分布「53～120℃熱水系資源分布」
（出典:(独)産業技術総合研究所地圏資源環境研究部門/村岡洋文）

泉が枯れる」という不安を解消することは難しく、新たに高熱の温水を発電開発に利用するのは困難である。

ならば、温泉の泉源となっていないもっと低い温水を利用するのはどうだろう。

海洋温度差発電では、海面と深海の約20℃の温度差を利用している。実際に消費する温度は4～10℃と言われている。したがって、消費した温度分を地熱で暖め循環使用することにより海洋温度差発電の方法を用いれば、温泉事業者と競合せず、また環境に悪影響を与えることなく発電できる可能性があるのだ。

続いて蒸気を冷却するための冷水を安定して確保する方法について考えてみよう。

北海道の夏は短いが、最高気温は30℃にまで達することがある。したがって、温度差発電を行うには、一年を通し安定して冷水を供給できるシステムの開発が必要である。海洋温度差発電では深海の冷たさを利用したように、アンモニヤ蒸気を冷やすために冷熱エネルギーを蓄積する必要があるが、積雪寒冷地の北海道では冬氷を利用できるのだ。実際には河川から取水した水を、厚い氷で冷やしながら循環させることになる。

平成22年、私たちは、前述した北海道の寒さを利用した温度差発電の考え方を、実際の発電システムとしてまとめ、特許を出願した（図5）。

発電システムの構造は、蒸発器、タービン、発電機、凝縮器、タンク、作動流体ポンプ、

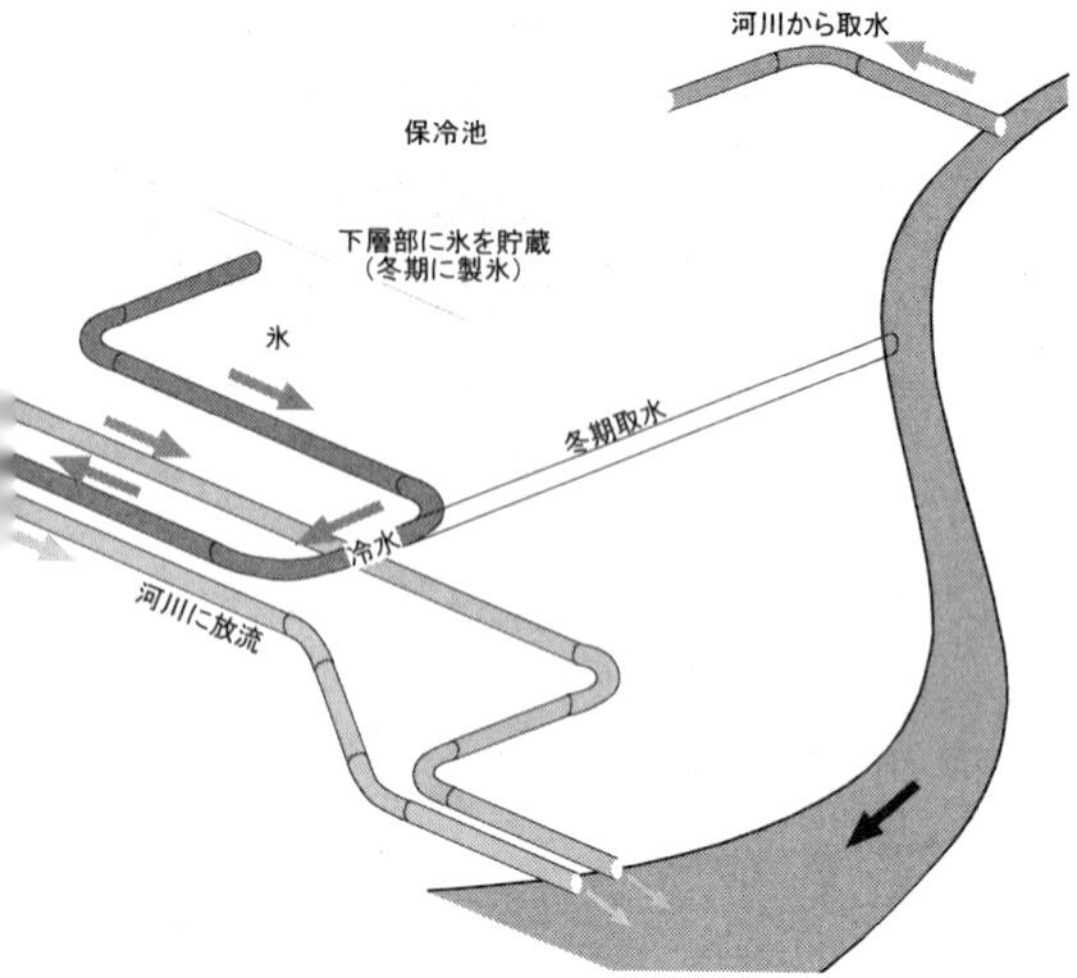

地下温水槽、保冷池からなり、これらの機器は連結されている。地下温水層では地熱で温めた水を地下に蓄え、温水を蒸発器に送り、使用後、還元し再利用する。蒸発器で消費した熱量を地熱等で暖め、一定温度を確保する。また保冷池では冬に厚い氷を作製する。その後、氷の融解を抑制するため上に水を張る。春から秋にかけて、氷の接触面付近の冷水を取水する。融けた氷は貯水を放水し冬に再生する。冬の冷水の確保は河川水を使用する。

提案する発電のメカニズムは次のとおりである。

①温水をポンプで汲み上げて蒸発器に送る。

②作動流体ポンプでタンクに入っている

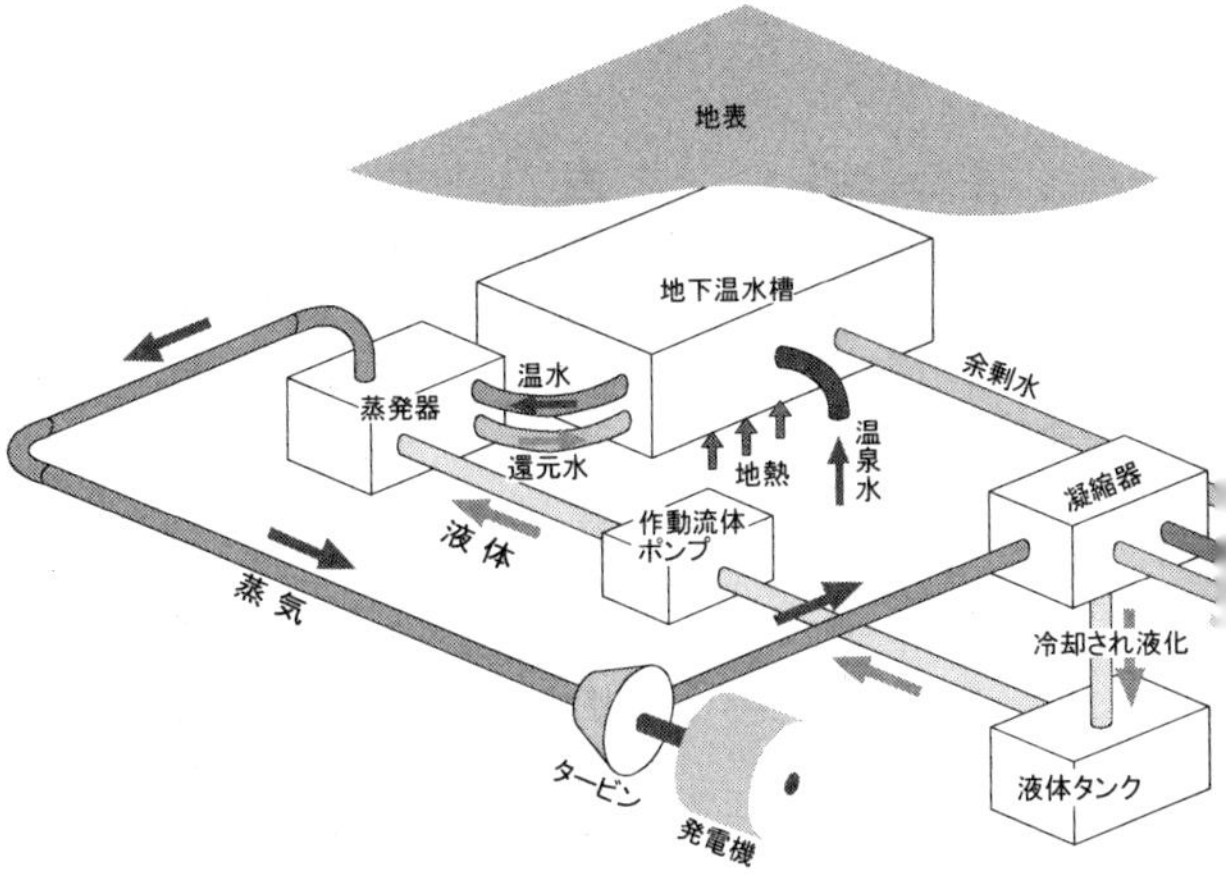

図5　寒さを利用した温度差発電の概要

液体を蒸発器に送ると、温水で過熱され、蒸気が発生する。

③蒸気は、蒸発器からパイプを通りタービンに送られる。

④タービンが回転し発電する。

⑤タービンを出た蒸気は、凝縮器に引き込まれる。

⑥冷水を凝縮器に送る。

⑦凝縮器に入った蒸気は、冷水により凝結し、液体に戻る。

⑧液体は、タンクに戻る。

⑨そして、再び蒸発器に送られる。

従来の発電方式と比べ、本システムには次のような優れた特徴がある。

ⓐ環境に優しい方式で、二酸化炭素や廃棄物を排出しない。

ⓑイニシャルコストは掛かるが、ランニングコストは少ない。したがって、将来の高齢化・人口減少社会に適合する。
ⓒ燃料枯渇の心配がない。
ⓓ北海道の地域特性に合致した北海道でしか実現できない新しい方式である。

実用化には克服すべき課題がまだまだ多く、すぐにも北海道のエネルギー事情に好変をもたらすものではないが、北海道特有の寒暖差を発電に利用するという考えは、今後、注目を集めていくだろう。

再生可能エネルギーの宝庫・北海道

図6に、世界のエネルギー資源の確認埋蔵量と可採年数の関係を示す。意外と化石エネルギーの枯渇時期が近いことに驚く。したがって、再生可能エネルギー主体で発電する時期は、近い未来でなければならず、エネルギーの開発が急がれているのである。

北海道は、1900年代前半は石炭でエネルギー資源を支え、高度成長期には多くの工場を立地し日本経済を支えてきた。そして今は、日本の食糧の供給拠点として期待されている。日本経済の形態の変化とともに、北海道の経済構造も変化追従しながら、今日に

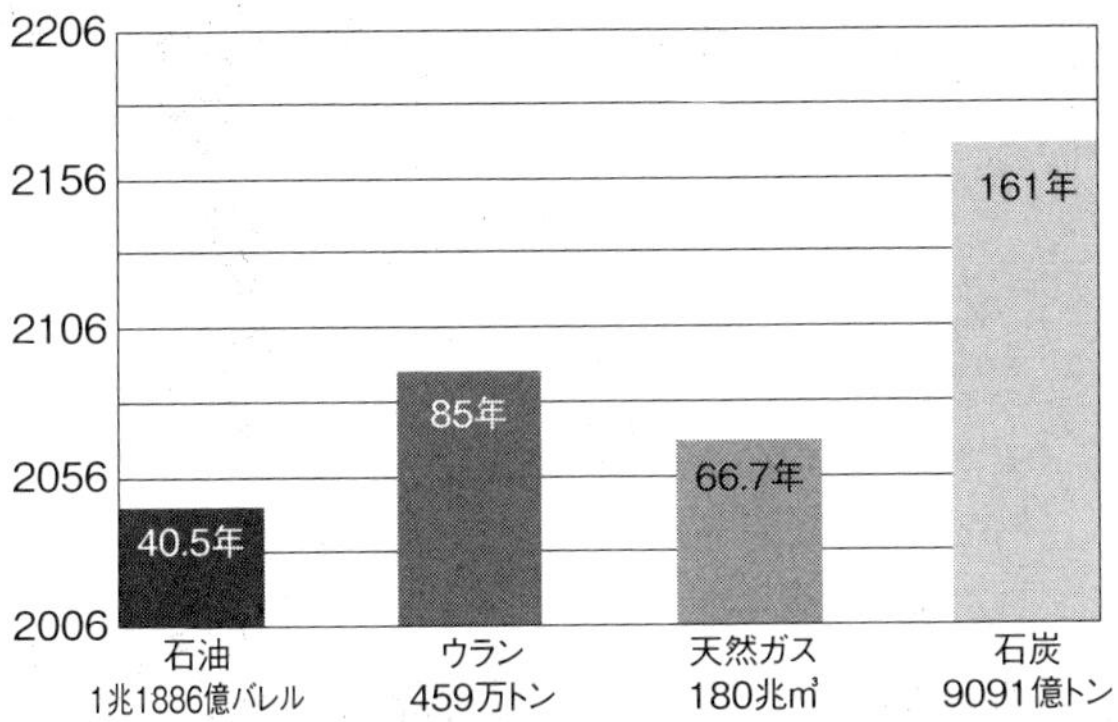

図6　世界のエネルギー資源の確認埋蔵量と可採年数
（出典：BP統計2005　OECD/NEA&IAEA　「URANIUM 2003」より）

至っており、そして、今、転換期を迎えている。

エネルギー危機が叫ばれる中、広大な土地を利用した太陽光や風力、酪農によるバイオマス、そして寒冷気候と高い地熱など、北海道は、クリーンエネルギーの宝庫である。また、今なお眠り、多くの埋蔵量を有する石炭や未開発の水力エネルギーなど、従来型のエネルギーも豊富である。

私は土木技術者として、豊富なエネルギー資源を活用し、日本経済の基盤となるエネルギーの供給拠点として、北海道が、新たに発展することを夢見ている。

Ⅳ-2 寒さをエネルギーにする雪氷冷熱

山崎 真也

北海道は豪雪地帯である。
雪景色は北海道の代表的な風景だが、
道民にとって雪はどちらかというと厄介者だ。
ただ、北海道で生活していくためには、
この厄介者と上手に付き合っていかなければならない。
この付き合い方が「克雪」と「利雪」である。
「克雪」とは、降る雪、降り積もった雪から生活を守ること。
一方、「利雪」とは雪を排除するのではなく、
資源として利用すること。
パウダースノーで人気の北海道のスキーや雪まつり、
これらも立派な「利雪」である。
しかし、寒さをひとつのエネルギーと見れば、
雪や氷には、もっと積極的な利用法がある。
クリーンエネルギーが注目されている今、
北海道の寒さのエネルギーを考えてみよう。

写真1　結氷した摩周湖（写真提供・弟子屈町）

見方（味方）を変えれば！

近頃、夏が暑い。世の中、脱温暖化の観点から省エネルギーが推奨されているものの、我慢できない暑さはあり、やはりエアコンに頼ってしまう。そして電気を使い、二酸化炭素を排出する。

では、電気がなければ、夏場にものは冷やせないのか…決してそんなことはない。公共公告機構のコマーシャルで、「見方を変えれば味方に変わる」というフレーズを聞いた人も多いだろう。この考え方である。

〝見方を変えて〟これまで捨てていた雪をエネルギーとして捉え、冷房や農作物の貯蔵に利用して〝味方にする〟。すなわち「克雪」と「利雪」の融合だ。

江戸時代、加賀藩が氷を夏場まで保管し、将軍家に献上していたという歴史もある。保管の仕方によっては、雪や氷は夏場まで解けずに残り、そして利用できるという裏づけである。

エネルギー政策の転換期を迎えそうな今だからこそ、先人の英知に学びながら、発想の転換を図っていく必要があるのではないだろうか。

ここで、雪氷が持つエネルギーを少し専門的な見方から説明しよう。

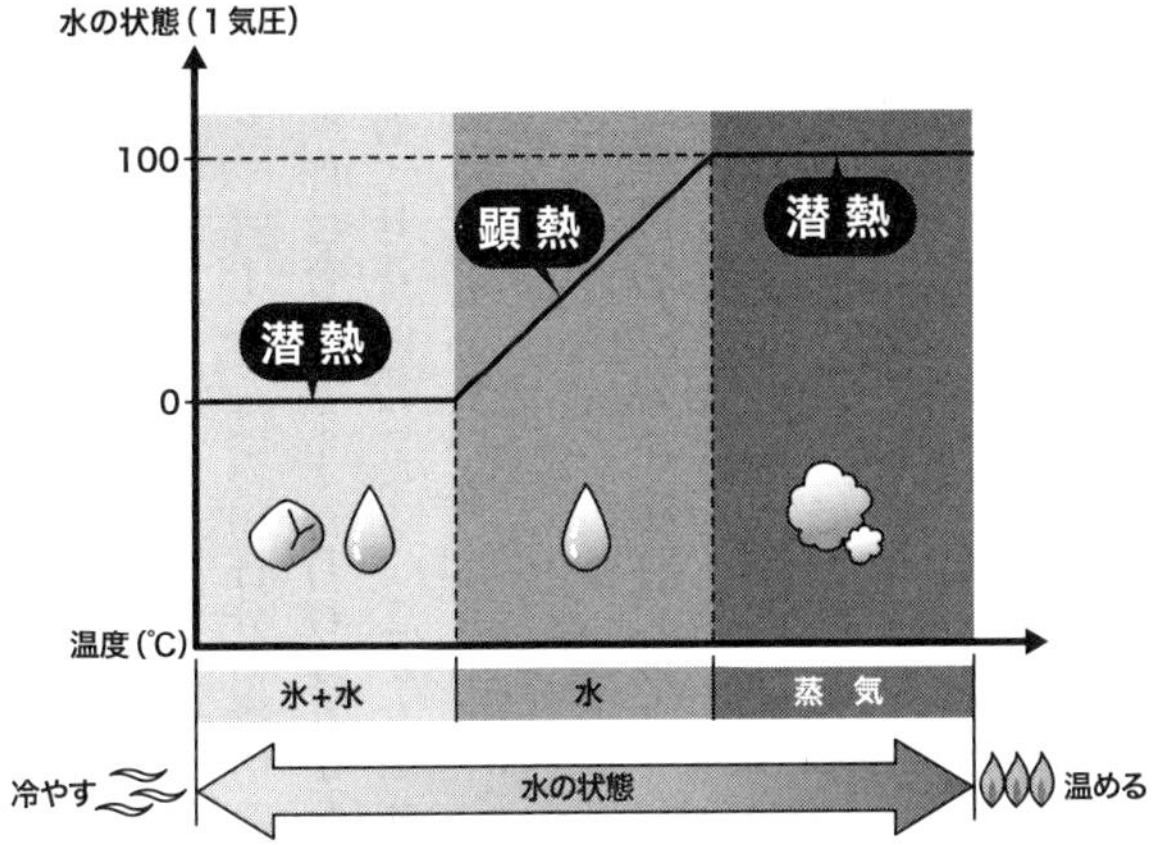

図1　潜熱と顕熱

雪氷のエネルギーは、大きく「潜熱《せんねつ》」と「顕熱《けんねつ》」に分けられる（図1）。辞書を引くと、潜熱とは「物質の状態変化のためだけに費やされる熱」、顕熱は「物質の状態を変えずに、温度を変化させるために費やされる熱」とある。

簡単に言うと潜熱は融解熱であり、1gの雪が融解して1gの水になるとき80カロリー（＝334ジュール）の冷熱を放出する。顕熱は理科で習ったと思うが、1gの水の温度を1℃上げる熱量が1カロリー（＝4・18ジュール）である。このことを踏まえて、雪1トンの冷房能力を検証してみよう。

融解水の顕熱は10℃まで使うものとすると、雪1トンの持つ冷房能力は約

380メガジュールとなる。

一般世帯に置き換えてみる。北海道の一般世帯で使用するエアコンの冷房能力は最大3・0kW程度である。仮に、このエアコンを毎日5時間、7割程度のパワーで使用したとすると、雪1トンは約10日分の冷房エネルギーに匹敵することになる。北海道で冷房が必要な期間は合わせて1か月程度だから、一般家庭では3トンの雪を集めれば、暑い夏を快適に過ごせる計算になる。こんなにすごい力を秘めた雪を、我々は毎年、厄介者として捨てている。〝もったいない！〟

雪氷冷熱の効果を実証してみた

雪氷エネルギーの秘められたパワー、私たちはその効果を実証した。平成21年度に弟子屈町をフィールドとして実施した実験でのことである。

この実験を実施した背景はこうだ。世の中景気が低迷している。弟子屈町も例外ではない。そこで、我々は、弟子屈町のためになることを考えてみようということになり、地元建設業界、観光協会、農協、町役場と連携して、弟子屈町ならではのクリーンエネルギーを見出し、その特性を地域産業に活かすための検証を行うこととなった。これには、学術的裏付けを得るため、北海道大学の先生にも協力をお願いした。

弟子屈町の特性ってなんだろう？　実験はここから始まった。弟子屈といえば「摩周湖」と「屈斜路湖」、次いで「雄大な自然」「極寒・厳寒」「熱い温泉」と、キーワードは次々に浮かんできた。一方、弟子屈町の基幹産業は「農業」と「観光業」。弟子屈町にはこれらの産業に従事している人が数多くいる。新たな産業を興すというよりは、むしろ、これらの基幹産業を持続的に発展させる工夫をした方がよさそうだ。そんな議論を地域の方々と積み重ね、実験は2つに絞られていった。

一つ目は、弟子屈町の代名詞でもある摩周湖、ここを源とする豊富な天然水と、極寒な気候を活用した天然氷の製造と多目的利用。二つ目は、全国でも人気の高い摩周メロンや、クリスマス時期に価格が高騰するイチゴなど、付加価値の高い農作物の温泉熱利用栽培だ。

これらの実験は、私がこれまで行ってきた仕事の中で最も苦労し、また最も印象に残るものであった。2つの実験の内容をそれぞれ紹介したいところだが、紙幅の都合で、今回は雪氷実験について紹介しよう。

製造した氷は、①農作物の貯蔵用②天然ミネラルブロックアイスの2種類である。

商品価値としては天然ミネラルブロックアイスが高そうだが、弟子屈町において事業化に近いのは農作物の貯蔵用氷だ。

ところで、近隣の釧路は日本有数のサンマの産地で、保冷のために大量の氷を消費している。以前は、水揚げに対して氷が間に合わず、遠い本州からも取り寄せていると聞いて、水産物貯蔵の用途も検討した。しかし、新たに製氷工場を設置したことがわかり、実際の需要を見出すことができなかった。

克寒と利氷の効果

さて、弟子屈町の主要作物の一つにジャガイモがある。秋に採れたジャガイモは、貯蔵庫で寝かせながら、弟子屈では翌年の3月まで出荷されている。3月を過ぎると商品価値が落ちるため、毎年、余ったジャガイモを安価に売りさばいていた。

一方、九州産のジャガイモが市場に現れるのは毎年6月初旬であるため、3月までとなっている弟子屈産ジャガイモの出荷時期を6月まで延ばすことができれば、ジャガイモ農家としては、こんなうれしいことはない。

こんな理由から、寒さ厳しい弟子屈の冬に大氷を製造し、個人農家の貯蔵庫に移してジャガイモの保管実験を行った。

目標とするジャガイモ出荷時期の初夏まで氷をもたせようと思えば、できるだけ大きな

写真2　ジャガイモコンテナ

氷をつくらなければならない。それもできるだけ安価に、大量に。

実験に先立って、氷の製造容器を確保する必要があったが、これは思いのほか簡単に見つかった。冬期間まったく使用しないジャガイモコンテナである。大きさは約2㎥程度あり、数さえ確保できれば、実験の目的には十分だ。

このコンテナは、骨組みが鋼製、側面、底面は樹脂網であった。したがって水を貯めるためコンテナ内部に大型ビニール袋を設置した。水は凍ると体積が膨張するが、最大の課題は、この体積膨張にジャガイモコンテナが耐えられるかであった。安価・大量に氷を製造するのに、毎年ジャガイモコンテナが壊れていたのではコスト的に見合わない。

　このため、大量のジャガイモコンテナを準備し、注入する水の量を変えながら、また膨張する圧力を水面で逃がすさまざまな工夫をしながら、あらゆるパターンで氷を製造した。

　予想したとおり、膨張圧に耐え切れず、いくつかのジャガイモコンテナにかなりの歪みが生じた。しかし、実験を重ねてコンテナを変形させない水の注入量や、効果的な膨張圧の逃がし方などの実証を行うことができた。

　こうして製造した大氷を合計で約49トン、貯蔵庫に搬入した。保管実験は、氷が完全に融解した8月上旬まで続けた。

　期間中、貯蔵庫の垂直温度分布とジャガ

写真3　貯蔵庫の様子

写真4　天然ミネラルブロックアイスで作ったかき氷

イモの糖度測定を行った。

５月まで、貯蔵庫内の垂直温度分布は、高さによって大きな温度差は生じておらず、室温は０～２℃程度で推移した。６月以降、気温が上昇し、これに伴って室温も上昇。垂直温度分布にも差が生じるようになった。一般的にジャガイモの保管適温は３～５℃程度とされているが、７月初旬ころまでは保管適温を維持できることが確認できた。

糖度については、常温保管のジャガイモと比較しながら測定した。常温保管の場合、４月中旬ころから糖度が著しく低下し、５月下旬に発芽を確認した。

一方、氷保管を行ったジャガイモについては、固体差はあるものの、最終分析を行った8月上旬まで、甘さを維持できることがわかり、氷による貯蔵が電気冷蔵と同様の効果があり、また、おいしさ（糖度）も維持できることが確認できた。

一方、天然ミネラルブロックアイスの製造実験では、水質に細心の注意をはらいながら、寒い時期ではあったが、地元町民の方を対象に、かき氷を作って試食していただいた。口々に「おいしい」と評判で、地元飲食店の方々も興味を示していた。

ちなみに、私も含めた実験関係者はかき氷だけではなく、その夜にお酒で試食会（宴会？）を開催したが、使った水は摩周湖の伏流水であるので当然おいしく、透明感があり、どこかやわらかい感じがした。

この氷を市販するには、さまざまなハードルを越える必要があるが、いつの日か「摩周湖天然ミネラルブロックアイス」が全国のコンビニや繁華街で日の目を見ることを期待している。

弟子屈町の身を切るような寒さも、地場産業の活性化のために役に立つことを実証したのである。克雪利雪ならぬ、克寒利氷であったが、十分に地場産業へ貢献できる可能性のあることが確かめられた。

未来を拓く雪氷エネルギー

雪氷冷熱の活用事例集である『COOL ENERGY4』(北海道経済産業局/平成22年6月)によると、雪氷エネルギーの導入実績は、道内で65件、全国でも140件しかない。効果は絶大なのに実績はまだまだ少ない。

そんな雪氷エネルギーが注目を集めるようになったきっかけは、平成20年(2008年)7月に洞爺湖で開催された北海道洞爺湖サミットである。

ルスツリゾート内に建設された国際メディアセンターに雪氷冷房が導入されたことは記憶に新しいだろう。約1万1000㎡の延床面積を持つこの施設の階下に設けられた雪室に7000トンもの雪が積み込まれ、施設の空調や冷房に利用された。

平成22年から供用を開始した新千歳空港国際ターミナルビルの冷房にも雪氷エネルギーが導入されている。貯雪ピット面積2万㎡、貯雪量12万~24万㎥、冷房能力1万7900ギガジュール~3万5800ギガジュールは世界最大級の規模である。これにより、原油換算で年間約430~860キロリットル節約できると試算されている。

福島第一原発事故以来、電力を用いた冷房のあり方が問われている中で、雪氷エネルギーへの注目度はいっそう高まるに違いない。

一方、一昨年くらいから、新たな活用方法も模索され始めた。「データセンター」の冷房だ。

データセンターとは、顧客のコンピュータサーバーを預かり、保守・運用・サービスを一括提供する施設で、クラウド・コンピューティング時代を支える中枢機能だ。

数多くのコンピュータ、記憶装置が並ぶデータセンターでは、サーバー冷却のために莫大なエネルギーが消費される。一説によると、サーバー冷却用のエネルギーは施設全体の40%に及ぶそうだ。ここで注目されたのが、雪氷エネルギーである。北海道には無尽蔵に「雪」がある。そして「寒さ」がある。これらをサーバー冷却エネルギーに活用することで、大幅な省エネルギー、維持管理費の低廉化につながる。

現在、北海道で具体化されているデータセンターは数件にとどまっており、立地が進んでいると言えるほどではない。しかし、北海道は土地が広く地価も安いので、データセンターの建設用地には事欠かない。さらに、土地が広い上に、日射や風況に恵まれていることからメガソーラーや大規模風力発電の適地であり、サーバー電源や空調用動力電源のグリーン化も期待できる。その上、無尽蔵ともいえる雪氷エネルギーを冷却用に利用できる。こうした好立地条件が着目されると、北海道がＩＣＴ最先端の地に飛躍する日も遠くないのではないだろうか。

「厳しい寒さ」は、北海道をネガティブに語るときの常套句だった。しかし、寒さというのもひとつのエネルギーの状態であり、これが厳しいことは、寒さのエネルギーが豊富にあるということである。これを取り出して、我々の暮らしや産業に活用できたならば、北海道はエネルギー大国だ。そうなったら、冬の寒さは北海道をポジティブに語るときの常套句になっているに違いない。

Ⅳ-3 生物がもたらすバイオマスエネルギー

竹森 憲章

地球規模の環境問題や東日本大震災による電力不足をきっかけに、
再生可能エネルギーが注目されている。
再生可能エネルギーとは、水力、雪氷熱、バイオマス、
太陽光、太陽熱、風力、地熱、波力など自然界で起こる現象から取り出すことができ、
一度利用しても再生可能で枯渇しないエネルギーのことだ。
これに対して、石油や天然ガスなどの化石燃料や、
ウランなどの埋蔵資源による再生不可能なエネルギー資源は、
枯渇性エネルギー資源と呼ばれる。
自然環境豊かな北海道は、再生可能なエネルギーの
すべてが利用できる未来のエネルギー大国なのだ。

写真1　ササ原とカラマツ
広大な自然に恵まれた北海道は生物由来のエネルギー、バイオマスの宝庫だ

木質バイオマスの可能性

再生可能エネルギーでは、太陽光発電や風力発電などが注目されているが、自然に恵まれた北海道では、生物に由来したエネルギー資源を意味する「バイオマス」、なかでも日本の約7割を占めるという広大な森林から生み出される「木質バイオマス」の有効活用を重視すべきである。

この木質バイオマスは、平成20年（2008年）の原油価格急騰時に大いに注目を浴びるようになった。家庭では、木材を圧縮成型し小粒にした「木質ペレット」を燃料としたペレットストーブの普及、公共施設などでも木材を小片化した「木質チップ」を使用したボイラーの普及が試みられている。灯油や重油の価格がリッター100円以上になると、公共施設などでは木質バイオマスを活用するほうが費用効果があると言われている。

木質バイオマスの普及を進めるためには、燃料の安定供給が不可欠だ。現在、製材所の残材などを活用して木質チップやペレットの製造がなされているが、いっそうの安定供給拡大のためには間伐材の活用が求められる。

しかし、間伐材を運び出すためには、林道を新たに整備しなければならない場所が多く、また材を集めるにも手間を要する。このため現場ではコストの問題から、間伐された材はその場に放置されることが多いという。このように間伐材の利用は簡単ではない。

そこで、私たちは立木によらない新たな木質バイオマスに着目してみた。北海道の道路を走っていても、また山道を歩いても、よく目にする笹である。

笹はどこにでも多量にある。また、再生年数がおおよそ3～4年と言われるように生育が早く、木材と比べると取り扱いが簡単である。お茶等に利用される場合があるが、それはごく一部で、笹の資源が不足に陥ることは考えにくい。

この笹をなんとか燃料として利用できないかという発想から、チップ化及びペレット化し、燃焼する実験を行った。

実験は、北海道沼田町で林業関係業者の協力を得て手作業で笹を刈るところから始まった。対象とした笹はクマイ笹（クマ笹ともいう）である。3人で2日間作業を行い、約1・4トンの笹を刈り取った。決して作業効率がよいとは言い難く、事業化にあたっては、効率的な刈り取り方法の構築が必要と実感した。

刈り取った笹は袋に詰め、実験協力をお願いした機械製造業者の装置がある本州（広島県）までトラック輸送した。そこで、笹をチップ・ペレット化した。

野生の笹は水分を多く含んでいるため、特にペレット化するためには乾燥と製造工程になお工夫が必要だが、なんとかチップ・ペレット燃料を製造することができた。燃料の総

図1　笹の分布図（灰色部分）

写真2　刈り取り作業

写真3　笹チップ

写真4　笹ペレット

発熱量は、いずれも約1万9000ジュール/gと木質チップ・ペレットに匹敵するものであった。チップ・ペレット燃料の燃焼も順調で、燃料として十分利用可能であることがわかった。

まだ検討・検証すべきことは多くある。しかし、笹の燃料利用は、再生可能エネルギー利用のみならず、地域の雇用創出、地域の活力向上などに寄与するだろう。

生ごみをバイオガスに

広大な北海道には、笹のペレット化のように、バイオマスとしては思いつかない原材料がまだまだあるに違いない。地域によって有用なバイオマスも違ってくるだろう。

次に紹介するバイオガスもその一つである。バイオガスは、生ごみなどの有機物を微生物によって分解、その過程で発生するメタンガスを主成分とするもので、燃料として活用できる。

都市部では毎日多くの生ごみが排出されている。そのほとんどは燃えるごみとして焼却処理されている。しかし、生ごみは水分を多く含んでいるため、燃焼効率を低下させ、助燃を必要とし、処理コスト増の原因となっている。また埋立処分するにしても、二酸化炭

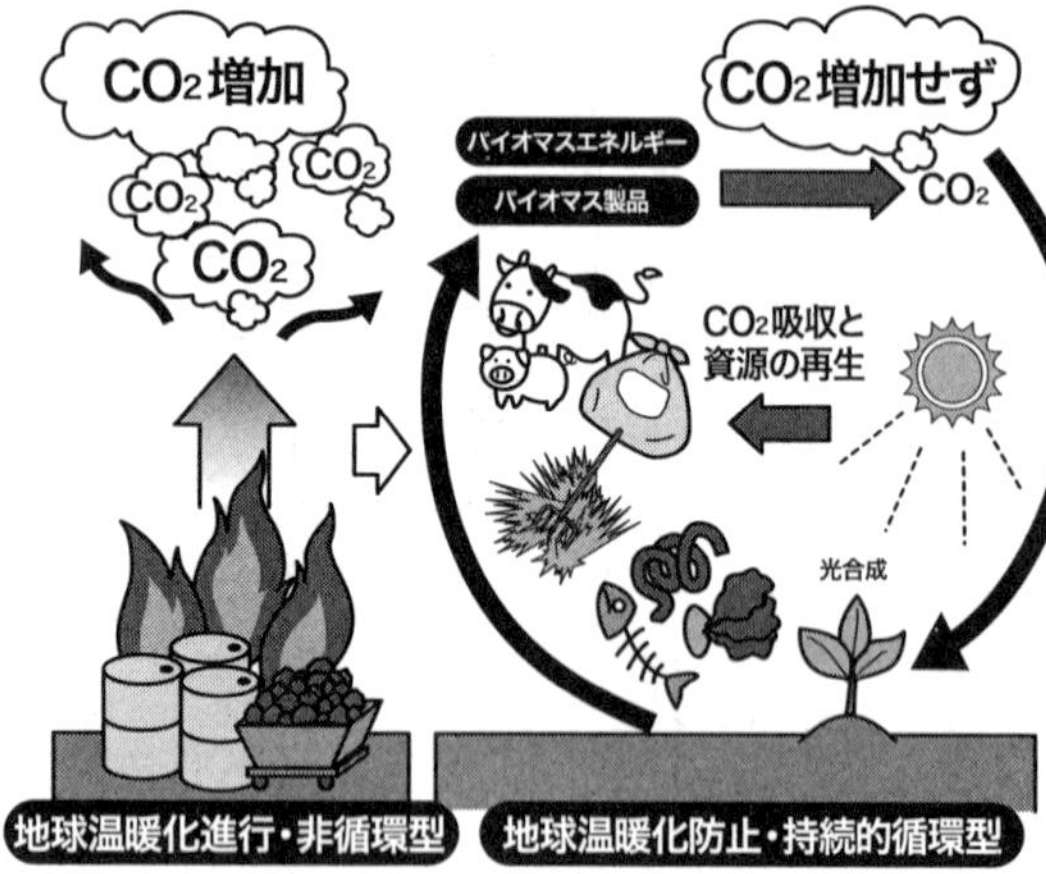

図2　カーボンニュートラルの概念

素よりも地球温暖化効果の高いメタンガスを大気中に放出する可能性がある。各地で生ごみの処理は頭の痛い問題となっている。

　生ごみは有機物であり、これを微生物によって分解してしまえば、バイオガス化することができる。バイオガスは、電気や熱といった再生エネルギーとしての利用が可能で、生ごみ1kgから200W程度の電気を生み出すことができる。厄介者のごみが資源となるのだ。

　生ごみから生まれたバイオガスも燃焼することで二酸化炭素に変わるが、生物由来のため、カーボンニュートラル（炭素中立）である。カーボンニュートラルとは、排出される二酸化炭素量と吸収される二酸化炭素量が同等であることをいう。生ごみは、本をただせば光合成によってできた野菜や、その野菜を食べた動物などから生じている。地球深くから掘り出した化石燃料と違い、最終的に二酸化炭素になっても、温暖化を促進させるものではない。

バイオガス化の技術は古くからあり、ヨーロッパではバイオガス発電による電力を高価格で電力会社が買い取る制度が整備されていることもあり、家畜ふん尿などのプラントが数多く建設されている。

全国第一号プラントの設計

北海道の技術者は開拓精神を引き継いでいるのだと思う。ごみ処理技術の変遷を見ても、北海道で新たな取り組みが多くなされてきた。例えば、札幌市北区での家庭ごみの空気輸送、富良野市や札幌市などで取り組まれているごみの固形燃料化（ＲＤＦ）、名寄地区のごみの炭化、白老町のごみの高温高圧処理・燃料化などは、すべてが第一号ではないにしろ、全国的にも先駆的な取り組みだった。

私は幸いにも家庭から排出される生ごみを対象とした全国初めてのバイオガス化プラント建設に携わることができた。

空知地域では、平成13年から3つのプラント建設が同時期になされたが、私が携わったのは、深川市・妹背牛町・秩父別町・北竜町・沼田町で構成される北空知地域のプラントであった。

このプラントは、事業費9億2879万円をかけて深川市に建設された。1日の生ごみ処理能力は16トンであり、発生したバイオガスは発電機を設けて発電をするほか、ボイラーによって蒸気を生み出し、メタン発酵槽の加温に活用している。

家庭系生ごみバイオガス化プラント建設事業は、前例がないため、計画段階から四苦八苦した。その苦労話をいくつか紹介しよう。

事業者名称	北空知衛生センター
事業者構成町村	深川市、妹背牛町、秩父別町、北竜町、沼田町
施設名称	生ごみバイオガス化施設
所在地	北海道深川市一已町字一已1863番地
面積	建築面積780㎡、延床面積1,565㎡
構造	鉄骨造一部鉄筋コンクリート造
処理能力	16トン/日
発電機能力	47kW×2基
ボイラー能力	300kg/h
工事着工	平成14年3月
竣工	平成15年3月
事業費	928,790千円

写真5　北空知衛生センター

①そもそも生ごみはどれくらい排出されるのだろうか

プラントの効率的運転のためには、処理能力を適切に設定する必要がある。そこで家庭から排出されたごみを、手作業で品目ごとに分け、生ごみの割合を分析した。しかしこの分析値は、あくまで住民の分別が完璧な場合で、実際にはそのようにならない。また、この地域は農業が主産業であり、生ごみの一部を自分の畑の肥料として利用している農家も多い。こうした状況も調査して処理能力を決めた。幸い稼働後はおおむね計画量に近い排出量で、ごみにまみれた分析作業の成果が現れた結果となった。

②天候等によって出荷できない農作物が排出されたらどうなるか

過去には出荷できないタマネギなどが大量に廃棄されることがあった。バイオガス化は微生物の働きによるものであり、微生物といっても人間と同じ生物である。単一のものを一度に分解する（食べる）となると、やはり分解効率（食欲）が落ちるのは当然である。このためタマネギが大量に廃棄された場合は、一時貯留し、他の生ごみと混合させる対応策を取ることとした。

また、この地域ではカボチャの栽培もなされており、カボチャがそのまま廃棄されることも予想された。バイオガス化プラントでは、微生物の分解がしやすいよう、前処理として生ごみを細かくする破砕処理をするのだが、包丁で切るのも一苦労する堅いカボチャが破砕処理やその後の処理に影響を与えないか、懸念された。プラントメーカーの技術者と検討を重ね、カボチャまるごとの処理も可とした。

③貝殻が生ごみとして排出されたらどうなるか

生ごみバイオガス化プラント建設に先駆け、プラントメーカーは小規模の実証プラントを造り、処理実験を重ね、その成果を実プラント建設に反映させるといった準備を進めていた。

ところが、そうした実証試験は本州で行われており、北海道の生活特性に合わせたプラントには必ずしもなっていなかった。

例えば貝の問題があった。北海道では貝は殻つきで売られていることが多いが、本州では多くの場合、身のみで売られている。このため、微生物による分解が困難な貝殻の対策が、本州のプラントメーカーの念頭には、まったくといってよいほどなかった。

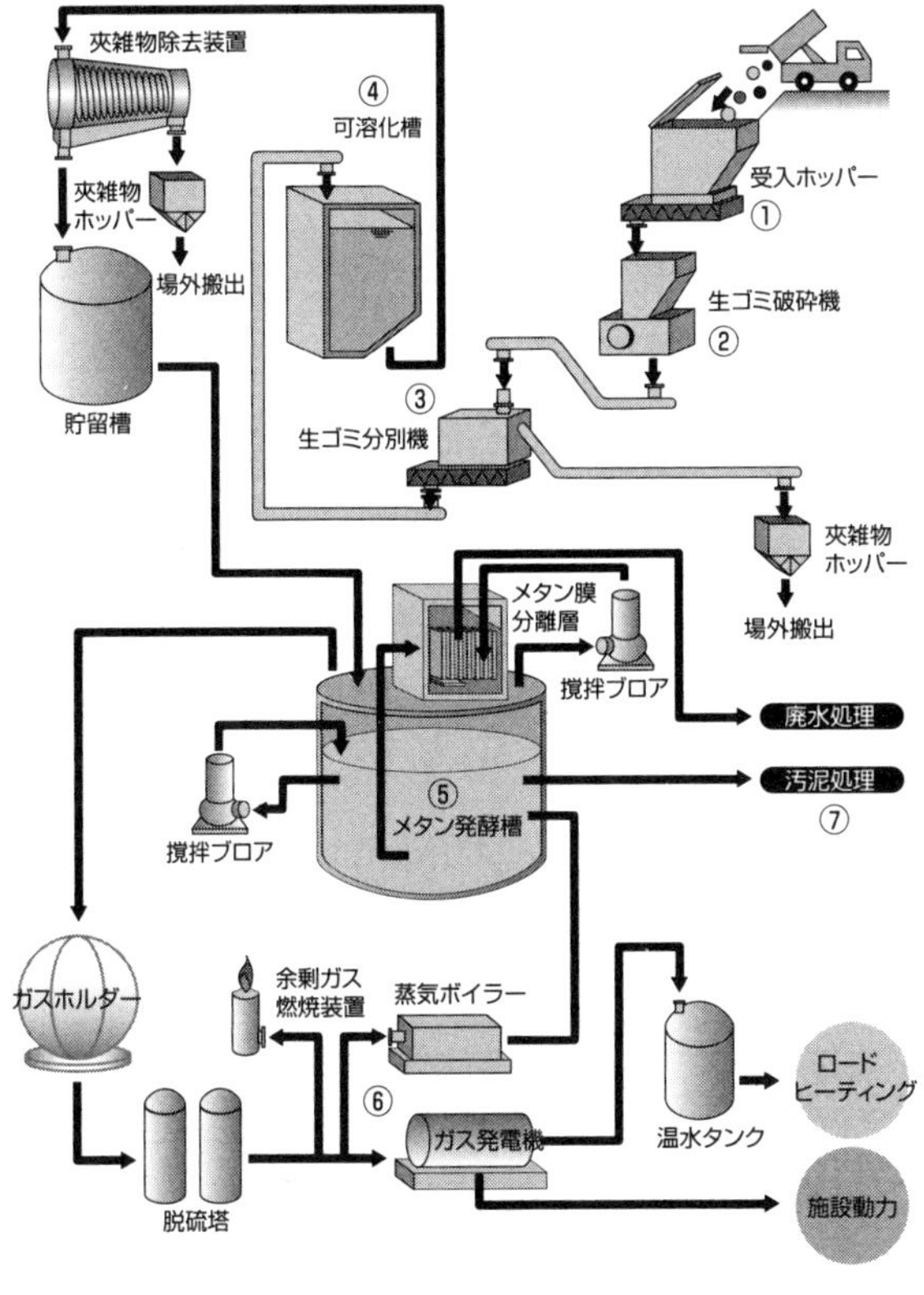

図3　生ゴミから電気や蒸気を生み出すしくみ

施設に搬入された生ごみは、①収集車両から受入ホッパーに投入される。②投入生ごみは、破砕装置により細かくする、③選別装置により生ごみ中に含まれる不純物を取り除く、④空気のある好気性条件下で微生物分解する、などの前処理を行い、処理する量を調整した上で、⑤メタン発酵槽にてバイオガスを生成する。⑥バイオガスは、硫化水素を取り除き、発電機にて電気を、ボイラーにて熱を生み出す。⑦メタン発酵後の残渣物である汚泥や廃水は、適正処理して施設外に排出する自治体は貝殻を生ごみとして出さないように呼びかけることとしたが、完全に守られるとはとうてい思えず、特にシジミやアサリなどの小さな貝殻が多く混入されると予想された。このため、急遽、プラントメーカーに貝殻除去装置の製作を依頼し、試験を重ねてプラントに導入した。

実際に稼働させると、貝殻の混入量が想定を上回り、除去装置の効果はあったものの必ずしも十分ではなく、バイオガスを発生させる発酵タンクなどに貝殻が蓄積した。また、建設当時はほとんど念頭になかった卵の殻も分解せずに蓄積することが明らかになった。これらは、次回に向けた反省点である。

プラントは平成15年4月から本格的に稼働し、平成17年度実績として、年間3283トンの生ごみを処理し、メタン濃度72%のバイオガス35万1736N㎥を生み出した。

処理量(搬入量)	3,283トン/年(計画量の95%)
バイオガス回収量	351,736N㎥/年(メタン濃度72%)
年間維持管理費用	
人件費	27,100千円/年
電力費	6,203千円/年
上水道費	1,156千円/年
下水道費	846千円/年
燃料費	186千円/年
薬品費・消耗品費	6,178千円/年
残渣処分費	10,545千円/年
点検補修費・外注費	6,339千円/年
(合計)	58,553千円/年(処理量あたり17.8千円/ごみトン)

表1　生ごみバイオガス化施設稼働実績(平成17年)

バイオガスの発熱量27メガジュール／N㎥とし、熱損失などを見込み、バイオガスの持っている熱量の70％を発電及び熱利用で活用するものとすると、1年間に665万メガジュールの熱量が活用できる。これは、灯油換算で180キロリットルの量にあたり、二酸化炭素590トンの削減が見込める。

バイオマスは北海道の第4の資源

生ごみのバイオガス化を紹介したが、自然豊かで、農業や漁業が盛んな北海道では、農作物や水産物の加工等による残渣物、酪農畜産による家畜ふん尿など、バイオガス化の原料として利用できる資源は数多く存在する。

一例を紹介する。札幌近郊の江別市にある町村牧場では、単独農家設置のプラントとして国内初のバイオガス化プラントを平成12年5月に導入した。このプラントでは、成牛換算で約200頭分、1日14〜15㎥のふん尿を30日程度滞留させて600㎥のバイオガスを発生させている。バイオガスはコージェネレーションシステムにより、1か月に約4万kW時の発電をし、施設内電力使用量の約60％を賄っている上、熱も発酵槽の加温やロードヒーティングに利用している。

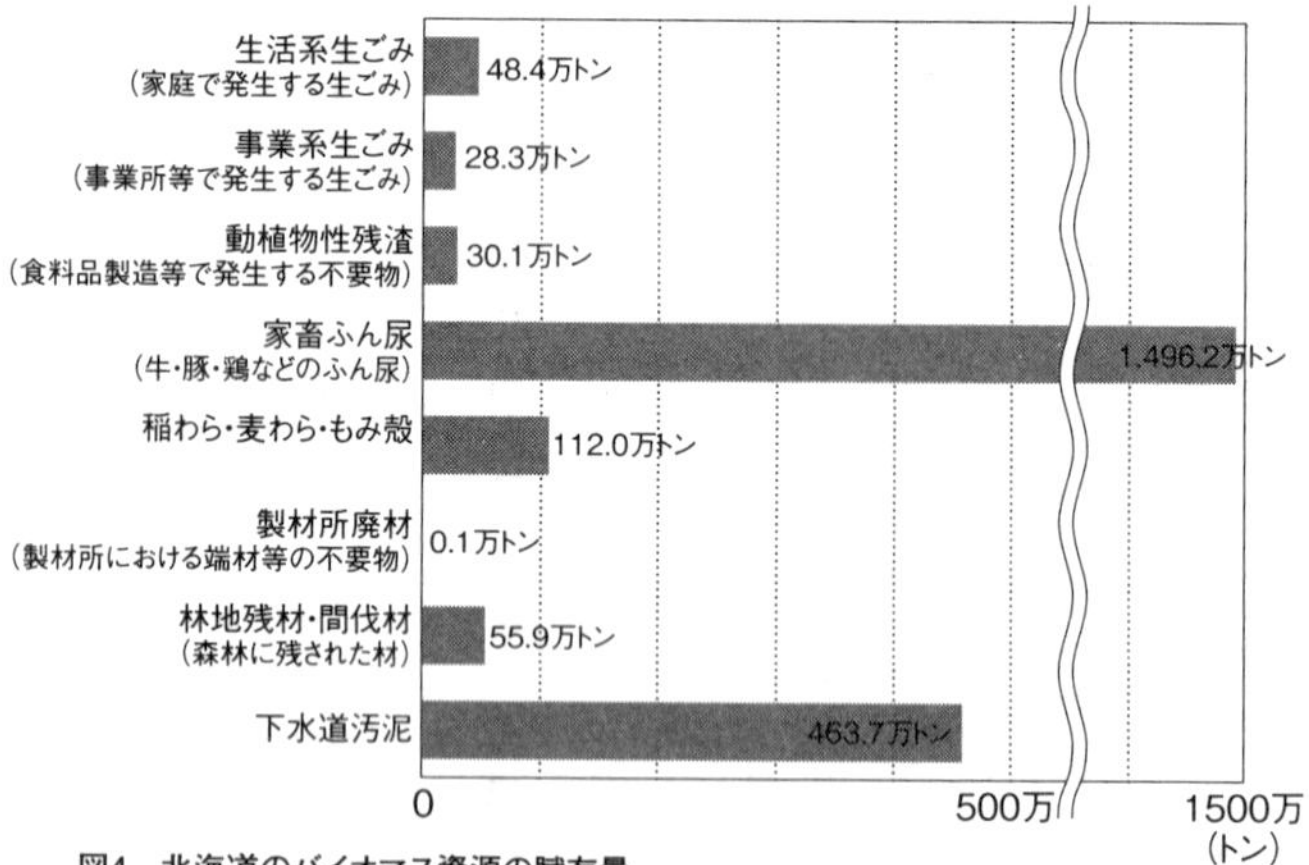

図4　北海道のバイオマス資源の賦存量

分解しやすい有機物を原料としたバイオマスの分解・変換技術、バイオガスの発電や熱利用への利用技術は概ね確立されていることから、バイオガス化は今後も大いに期待されるところである。

また、笹チップ・笹ペレットを紹介したように、今後も思いがけないものがエネルギー利用される可能性は大いにある。例えばヤナギからバイオマス燃料であるバイオエタノールを製造する試みがなされたり、稲わらなどからバイオエタノールの製造や、茶かすやイタドリなどからバイオコークスの製造がなされている。

平成20年度から始まった農林水産省「ソフトセルロース利活用技術確立事業」では、稲わらからバイオエタノールを製造する実証事業が全国4か所で採択され、北海道恵庭市では稲わらと麦わらを原料としたエタノール製造がなされている。

茶かすやイタドリをはじめとするバイオマスから石炭コークスの代替となる固形燃料「バイオコークス」の製造・実証も行われている。大学と民間企業とが連携しながら、バイオコークス量産機の開発のほか、国内外のさまざまな原料からのバイオコークス製造の模索、石炭コークス代替以外の用途への活用法などの研究開発が進められている。

このように、広大な北海道においてバイオマスは、これまで北海道を支えてきた農産資源・水産資源・林産資源に続く、第4の資源になろうとしている。農業、林業の残渣物あるいは不要物であるバイオマスを第4の資源として活用することで、北海道内における循環型社会の形成ができる。

食糧自給率100％を超えている北海道において、バイオマスをはじめとする再生可能エネルギーの積極的活用によって、エネルギー自給率も100％を達成するよう、技術者の一人として広い視野を持ち貢献していきたい。

【参考文献】 林業試験場北海道支場『北海道ササ分布図概説』1983年　／環境省大臣官房廃棄物・リサイクル対策部廃棄物対策課『メタンガス化（生ごみメタン）施設整備マニュアル』2008年1月／独立行政法人新エネルギー・産業技術総合開発機構『北の大地　自然エネルギーとの共存』2006年8月／独立行政法人新エネルギー・産業技術総合開発機構ホームページ『バイオマス賦存量・利用可能量の推計』

あとがき

社会資本の調査・計画・設計という建設コンサルタントの仕事は、大変クリエイティブなものである。それは、仕事を獲得するにも成果に対する評価を得るにも、すべて同業他社との技術競争に曝されているからにほかならない。誤解を恐れずに言えば、調査業務の精髄は「真実の追究」、計画業務のそれは「説得力の獲得」、設計業務では「正確性の確保」と、性格が異なるのだが、どんな業務にもきちんと担当技術者の創意工夫がなされている。

つまり、コンサルタントのエンジニアには、業務の与条件だけでなく社会情勢、自然環境、技術動向などに目配りし、かつ「新発見、既知の事象の再発見」や「既存の技術の新しい組み合わせ」などの独創を盛り込んで「最も望ましい結論」を得ることが期待されている。もちろん、これは国や自治体などの発注者が望んでいることでもある。

では、エンジニアはどうやって技を磨き、創造性・独創性を発揮するのか。

当然ながら、まずは専門知識を十分に蓄積しなければならない。他人が開発した手法であろうが、経験値であろうが、有用な知識や解決策ならば貪欲にそれを習得（真似）しておく。大概の設計課題の解決策がすぐ頭に浮かぶようになるまでは、ひたすら勉強だ。

そして、次が肝要である。実際に設計課題が与えられた際には、こうして蓄積した知識だけで勝負してはいけない。頭に浮かんだ解決策を最良の手段と決めつけるのではなく、もっとよい手段はないかと考えを巡らせるのだ。

これはちょうど囲碁や将棋の対局と同じだ。囲碁の定石書（将棋の定跡書）はその局面での最善手、次善手、悪手などを解説してくれるが、その通りの手を選んでも進歩はなく、応用力の優れた相手にはすぐ負かされてしまうだろう。定石は定石として理解しながら、より得をする手段を必死で考えることが強くなる秘訣である。勝ちたいと思う強い気持ちが独創の技を生み、それを強靭に鍛えてくれる。技術は競争が強くするのだ。

そして、こうして発想した技術的挑戦が運良く実り、受注や高評価、特許取得などに結びついたら、このクリエイティブな世界からもう抜けられなくなるのである。


さて、こんなふうに日常的に定石破りをしていると、仕事に直結した新発見・再発見はもちろんのこと、仕事の周辺でも妙なことに興味を持ってしまい、それが意外な発見につながることがある。同僚に聞いてみると、案の定、言わずにはいられない話題のひとつやふたつは持っているという人が、少なからず存在していた。

そこで、本書は「エンジニアの新発見・再発見～北海道を見つめなおす13の視点」として13の話題を集め、ジャンルごとに章を区切ってまとめることとした。即ち、Ⅰ暮らしの中に北の歴史を発見する、Ⅱ エンジニアの視点で北の自然を再発見する、Ⅲ ものづくりの理念、まちづくりの視点を再発見する、Ⅳ 北の大地に再生可能エネルギーを発見する、以上の4章である。

これで「技術」をキーワードに、社会に向けて情報発信を行おうという第2弾の編集作業が終了した。果たしてエンジニアのクリエイティブな側面が伝えられるだろうかと心配しつつ、ここにペンを置きたいと思う。

最後に、第1集に続きこの企画を引き受けてくださった共同文化社と、編集者の森浩義氏に深く感謝を申し上げたい。

（ドーコン叢書編集委員長　畑山　義人）

ドーコン叢書……❶

エンジニアの野外手帳

～北海道のためにできること12の点描～

道路や公園などの建設に携わる
コンサルタント技術者だから
知ることができた
北海道の〝意外〟を公開。

●編 著 者 ドーコン叢書編集委員会
●発 行 人 共同文化社
●発行年月 平成23年3月18日
●価　　格 780円（税込み）
●ISBN978-4-87739-196-6

執筆者プロフィール

株式会社ドーコン
札幌市厚別区厚別中央一条五丁目四番一号
www.docon.jp

加藤 龍一（かとう りゅういち）
取締役常務執行役員 水工事業本部長
技術委員会委員長

斉藤 有司（さいとう ゆうじ）
取締役副社長執行役員
日本技術士会北海道本部 本部長
《技術士の挑戦
——科学技術で明日を拓く》

堀岡 和晃（ほりおか かずあき）
水工事業本部 河川環境部 技師長
北海道工業大学非常勤講師
《川のお医者さん奮闘記
——守るべきもの・治すべきもの》

山崎 淳（やまざき じゅん）
環境事業本部 地質部 技師長
《地質で読み解く景勝地》

木下 孝（きのした たかし）
都市・地域事業本部 建築都市部 次長
《札幌コンサートホールの設計
——Kitara誕生秘話》

林 昌弘（はやし まさひろ）
交通事業本部 東京事業部 主任技師
《デザインでたどる札幌オリンピック》

山崎 真也（やまざき　しんや）
都市・地域事業本部 都市環境部 主幹
《寒さをエネルギーにする雪氷冷熱》

川北 稔（かわきた　みのる）
執行役員 事業本部総合技術分野担当
交通事業本部 上席技師長
《崖の科学
――どうやってできる・なぜ崩れない》

吉野 大仁（よしの　だいじん）
技術推進本部 品質管理部長
《今、海の中で起こっていること
――海の砂漠化・その解決の糸口》

畑山 義人（はたやま　よしひと）
交通事業本部 上席技師長
東京工業大学非常勤講師
ドーコン叢書編集委員長
《失われた橋梁技術を求めて》

朝倉 俊一（あさくら　しゅんいち）
都市・地域事業本部 総合計画部 副主幹
《「カニ族」の見た北海道》

田中 宏征（たなか　ひろゆき）
環境事業本部 農業部 主任技師
《さかなと暮らす農業を求めて》

福本 哲夫（ふくもと　てつお）
水工事業本部 水工部 理事
《北海道ならではの
クリーンエネルギーを求めて》

竹森 憲章（たけもり　のりあき）
都市・地域事業本部 都市環境部 副主幹
《生物がもたらすバイオマスエネルギー》

株式会社ドーコン

北海道を中心に日本国内の道路、橋梁、河川、防災、農業、環境、地質、都市・地域開発、建築などの「社会資本整備」において、企画・調査・計画・設計・施工管理等の技術サービスを提供している総合建設コンサルタント。

昭和35年6月1日に北海道開発コンサルタント株式会社を創立。平成13年に現社名に変更。「信頼の〝人と技術〟で豊かな人間環境の創造に貢献する」という経営理念のもと人と自然が共生できる快適な生活環境作りを目指している。職員数596名（平成23年6月1日現在）。

代表取締役社長　平野 道夫

本　社　〒004-8585
札幌市厚別区厚別中央1条5丁目4番1号（代表電話 011-801-1500）
支　店　東京支店（東京都中央区）、東北支店（仙台市青葉区）
事務所　名古屋、函館、旭川、釧路

URL　http://www.docon.jp

ドーコン叢書……❷
エンジニアの新発見・再発見
北海道を見つめなおす13の視点

2012（平成24）年2月8日　発行

編著者　ドーコン叢書編集委員会
編　集　森 浩義（企業組合エディアワークス）
発行所　株式会社共同文化社
〒060-0033
札幌市中央区北3条東5丁目
電話 011-251-8078
http://kyodo-bunkasha.net/
印　刷　株式会社アイワード
装　幀　佐々木 正男（佐々木デザイン事務所）
編集協力　若井 理恵

ISBN978-4-87739-211-6